Ditte Clemens
Schweigen über Lilo

Ditte Clemens

Schweigen über Lilo

Die Geschichte der Liselotte Herrmann

Otto Maier Ravensburg

Die Deutsche Bibliothek – CIP-Einheitsaufnahme

Clemens, Ditte:
Schweigen über Lilo : die Geschichte der Liselotte Herrmann /
Ditte Clemens. – Ravensburg : Maier, 1993
(Ravensburger junge Reihe)
ISBN 3-473-35129-6

Die in diesem Buch verwendeten Zitate werden im Originalwortlaut wiedergegeben, d. h. auch dann unverändert gedruckt, wenn sie offenkundig fehlerhaft formuliert sind.

RAVENSBURGER JUNGE REIHE

1 2 3 4 5 97 96 95 94 93

Für die Erlaubnis zum Abdruck des biographischen Poems »Lilo Herrmann« von Friedrich Wolf danken wir dem Aufbau-Verlag, Berlin und Weimar

Umschlaggestaltung: Rotraut Susanne Berner
Redaktion: Uwe-Michael Gutzschhahn
Gesamtherstellung: Ebner Ulm
Printed in Germany

Gedruckt auf chlorfrei gebleichtem Papier

ISBN 3-473-35129-6

1.
Weihnachten

Ein Kind macht Mut zum Leben. Alle Augenblicke erleben wir tiefer, wenn ein Kind da ist.

In drei Wochen ist Weihnachten – Weihnachten 1935. Lilos Sohn ist dann ein Jahr und sieben Monate alt. Der Tannenbaum wird geschmückt. An den grünen Zweigen hängen die selbstgebastelten Strohsterne. Wie der kleine Walter wohl staunen wird, wenn sich die Pyramide dreht! Der Glanz der Kerzen wird sich in seinen Augen spiegeln. Der Junge liebt das Licht. »Brennt die Lampe im Zimmer, sieht er sie lange, ohne sich ablenken zu lassen, an und quietscht dabei laut vor Vergnügen«, schrieb Lilo vor einem Jahr in ihr Tagebuch. In diesem Jahr wird er das Weihnachtsfest schon bewußter erleben. Das Fest der Lichter und der Hoffnung.

»Es ist Heiligabend«, sagt ein Wachtmeister und verschließt Lilos Zellentür. Das elektrische Licht wird abgeschaltet.

Seit dem 7. Dezember 1935 ist Lilo im Polizeipräsidium in der Büchsenstraße. Die Stuttgarter nennen das mitten in ihrer Stadt gelegene Gefängnis die »Büchsenschmiere«. In den Zellen vermischt sich der beißende Chlorgeruch aus den Klokübeln mit dem Gestank von abgestandenem Essen und Schweiß. In der winzigen Zelle sind Tisch und Hocker am Boden festgeschraubt. Lilo setzt sich mit dem Rücken zur Tür. Sie will nicht sehen, wie sich der Spion bewegt. Zu oft hat Lilo erlebt, wie man sie wenige Minuten danach aus der Zelle holte.

Mauch heißt der Mann, der sie in der Hauptleitstelle der Gestapo im »Hotel Silber« verhört. Er läßt sich Lilo holen. Manchmal zwei-, dreimal am Tag, dann wieder läßt er sie für Tage in der Zelle. Für Lilo ist Einzelhaft angeordnet. Eine endlose Zeit. Jede Bewegung, jedes Geräusch vor der Zellentür erschreckt Lilo. Es fällt ihr schwer, sich zu konzentrieren. Aber sie muß wissen, wer aus ihrer Gruppe noch verhaftet ist. Wer hat sie verraten? Was ist mit den Eltern und Walter? Welche Fragen wird Mauch beim nächsten Verhör stellen?

Es dauert lange, bis ich den Namen des Mannes erfahre, der Lilo verhörte. Welch ein mühevoller Weg es wird, Einzelheiten aus dem Leben dieser Frau zu erfahren, ahne ich 1987 nicht.

Lilo gehört in der DDR zu den bekanntesten Frauen des Widerstands während der Nazizeit. Doch über ihr Leben ist so gut wie nichts bekannt. Schulen, Betriebe, Kindergärten und Straßen tragen Lilos Namen. In allen neunten Klassen wird während des Musikunterrichts ein biographisches Poem über sie behandelt. Seit 1946 erscheinen jedes Jahr zu ihrem Todestag Artikel in Zeitungen und Zeitschriften.

1972 wird der Hochschule in Güstrow, an der ich studiere und später selbst lehre, der Name »Liselotte Herrmann« verliehen. Über die Frau weiß ich nicht viel mehr als das, was auch andere mit den drei Worten auf dem Gedenkstein vor der Hochschule verbinden: Kommunistin, Studentin, Mutter. Dazu ihre Lebensdaten: 23. 6. 1909 – 20. 6. 1938.

Auf einem der zwei mir bekannten Fotos hält Lilo

ihren Sohn auf dem Arm. Zärtlichkeit und Liebe zwischen Mutter und Kind. Gab es nicht Momente für Lilo, in denen sie alles für ein Leben mit diesem Kind preisgeben wollte? Ich bleibe bei dir, mein Kind, was auch geschehen mag. Keine Angst, ich gehe nicht fort.

Doch ich weiß nichts von Lilos Ängsten und Hoffnungen, von ihrer Qual, sich zu entscheiden auf Leben und Tod. Ich kenne ihr Leben nicht. Entweder ich akzeptiere die staatlich vorgezeigte Vergangenheit mit all den Unterlassungen, oder ich muß mich selbst auf die Suche nach dem Leben von Liselotte Herrmann machen.

Im Sommer 1987 habe ich mich entschieden. Nichts wird mich mehr davon abbringen, herauszufinden, wie diese Frau gelebt hat. Ich bitte die Leitung der Hochschule, daß ich neben meiner Arbeit im Lehrfach Mathematik einen Teil meiner Arbeitszeit für Recherchen über das Leben von Liselotte Herrmann nutzen kann. Im Oktober erhalte ich die Genehmigung. Zwei Monate später ist auch der Antrag der Hochschulleitung auf Akteneinsichtnahme im Zentralen Parteiarchiv für mich bewilligt.

Zwei Tage vor Weihnachten fahre ich in das Institut für Marxismus-Leninismus nach Berlin. Das erste, was ich studiere, ist die Benutzungsordnung des Zentralen Parteiarchivs. Paragraphen und nochmals Paragraphen. Auf Verlangen sind meine Aufzeichnungen vorzuzeigen. Sie werden eingezogen, wenn das aus Gründen der Wachsamkeit notwendig ist. Die vielen Absicherungen und Vorsichtsmaßnahmen erkläre ich mir mit der Wichtigkeit des Aktenmaterials. Ich werde viel Neues aus den Unterlagen erfahren. Ein Berg von Akten liegt vor mir. Mehr als ich erwartet habe. Arbeit für mehrere Tage.

Ich habe noch nicht einmal die ersten Seiten gelesen, als mich eine Mitarbeiterin des Instituts ins Foyer bittet. Eine zierliche Frau mit einem Haarschnitt wie eine Ballettmeisterin und dunklen, leuchtenden Augen. Ihre Hände unterstreichen mit grazilen Bewegungen die Verwunderung, daß ich über Lilo schreiben will. »Alles was über sie zu sagen ist, wurde bereits geschrieben.« Die zierliche Frau versichert mir, daß ich nichts Neues erfahren werde. Ganz bestimmt nicht. Sie bietet mir fünf andere Widerstandskämpfer an, über die bisher niemand geschrieben hat. »Dazu würdest du auch Unterstützung vom Archiv erhalten«, sagt sie. »Ich will über Lilo schreiben«, wiederhole ich. Die zierliche Frau ist zu klug, um nicht zu spüren, daß ich meine Hände nicht mehr von Lilo lasse. Immer wieder erzählt sie von anderen Widerstandskämpfern. Sie spricht mit Einfühlsamkeit und Zuneigung von diesen Menschen. Sie muß sich sehr intensiv mit deren Lebensschicksalen beschäftigt haben. Warum soll mir das bei Lilo nicht möglich sein? Oder will mich die zierliche Frau mit ihren Worten vor einem Weg warnen, dessen Grenzen sie kennt? Ich nehme es ihr nicht ab, daß es über Lilo nichts Neues gibt. Keine Korrekturen, keine Antworten auf Fragen, keine Veränderungen von veralteten Darstellungen? Die zierliche Frau reicht mir die Hand und geht den langen Gang entlang. Sie verschwindet in einem der vielen Zimmer, die hier alle nur eine Nummer tragen.

Bei der Rückkehr in den Lesesaal verstoße ich gegen den Paragraphen 14. Ich habe meine Tasche nicht im Foyer abgelegt. Die Lesesaalaufsicht ermahnt mich. Nach zwei Tagen habe ich die Akten durchgesehen. Meine wenigen Aufzeichnungen werden nicht kontrolliert. Warum auch? Ich habe nichts Neues gefunden.

Nicht mehr als das wenige, das seit über vierzig Jahren über Lilo veröffentlicht wurde. Akten voll mit Protestschreiben in fast allen Sprachen. Unterschriftslisten, Flugblätter, Situationsberichte der Gestapo aus den dreißiger Jahren. Über Lilo nichts Neues.

Vier Jahre dauern meine Recherchen. Hilfe erhalte ich vor allen Dingen von Menschen, die ich erst durch meine Nachforschungen über das Leben von Lilo kennenlerne. Menschen, deren Existenz verschwiegen wurde oder die sich selbst, aus den unterschiedlichsten Gründen, zurückhielten.

Durch einen Zufall werden alle Briefe, die Lilo aus dem Gefängnis schrieb, und alle Post der Eltern an sie erst 1988 aufgefunden. Erst da erfahre ich, was Richard Herrmann 1937, einen Tag vor Silvester, seiner Tochter berichtet.

Lilo soll wissen, was ihr Sohn, das Walterle, Weihnachten 1936 bekommen hat. »... einen ganz großen Bulldoz und zwei kleine, die alle brummen.« Vom Schnee berichtet der Vater. Lilo hat von ihrer Zelle aus nicht sehen können, wie er fällt. Aber nun weiß sie, daß das Kind über die Flocken staunte. Dem Vater geht es gesundheitlich wieder besser. Vielleicht, weil seine Hoffnungen groß sind. »Die böse Zeit wird ja nun auch bald vorübergehen, und hoffentlich bist Du nun bald wieder in Freiheit...« Elise und Richard Herrmann versprechen der Tochter, gleich morgen noch einmal zu ihrem Anwalt zu gehen. Nein, so ein Fest soll es für sie nicht noch einmal geben. »Weihnachten haben wir diesmal recht einsam erlebt, und es war uns doch recht traurig, daß wir Dich nicht hatten und Du die Weihnachtsfreude Deines Walter nicht erleben konntest.«

Lilo schließt die Augen. Das Kind hält seinen Zeigefinger dicht an eine brennende Kerze des Weihnachtsbaums. »Heiß«, sagt die Großmutter. »Heiß«, plappert das Kind nach und zieht den Finger blitzschnell zurück. »Heiß, heiß«, sagt es und steckt alle mit seinem quietschenden Lachen an. Lilo streckt die Arme nach ihrem Sohn aus. Aber niemand reicht ihr das Kind.

Weihnachten 1936 ist längst vorüber. Es lebt nur noch auf zwei engbeschriebenen Briefbögen, deren Zeilen Lilo auswendig kennt. Komm, Murkel, sag noch einmal »heiß, heiß!«

2.
Neujahrsstimmung

Weihnachten ist vorbei. Auch die ersten Wochen des Jahres 1988 sind für mich vergangen. Wo sind die Freunde von Lilo, die Pioniere, der Bruder und der Sohn? Sie können doch nicht alle verschollen sein?

»Bitte, bringen Sie eine Suchannonce«, bettele ich beim Komitee der Antifaschistischen Widerstandskämpfer. Doch auf meine Bitte wird mit keinem Wort reagiert. Keine Zeile zu meinen Vermutungen über noch lebende Freunde. »Vielleicht kann Ihnen das Institut für Marxismus-Leninismus beim ZK der SED ... in dieser Angelegenheit weiterhelfen.«

Hilfe erhoffe ich mir auch beim Ministerium des Innern. In meinem Brief an die Hauptabteilung Paß- und Meldewesen bitte ich um die Bestätigung von Adressen. Doch dort hat man sich bereits mit dem Komitee der Widerstandskämpfer in Verbindung gesetzt und ist informiert, daß mein Schreiben beantwortet wurde. Und so habe ich auch meinen Brief an das Ministerium als beantwortet anzusehen.

»Haben sich niemals Freunde von Lilo bei Ihnen gemeldet?« frage ich Stephan Hermlin[1]). 1951 erschien von ihm der Band »Die erste Reihe«. Zu den dreißig Biographien von jungen Menschen, die in der Zeit des Nationalsozialismus ihr Leben opferten, gehört auch die biographische Skizze über Liselotte Herrmann. Schon nach wenigen Tagen ist eine Antwort von Hermlin da. »Als ich mein kleines Buch schrieb und darin über Lilo Herrmann, war ich genauso alt wie Sie jetzt sind. Ich hatte L. H. nicht gekannt, es war schwierig, Material herbeizuschaffen, aber ich brachte es fertig.«

Auch Ruth Werner[2]), die 1907 geborene Schriftstellerin und Widerstandskämpferin gegen die Nazis, antwortete mir, daß sie nicht helfen kann. »Ich habe gestern noch mit zwei Genossen meines Alters telefoniert, die mir auch nicht weiterhelfen konnten. Ich glaube, man kann sich nur auf Bücher und Dokumente stützen.«

Es muß noch Menschen geben, die Lilo kannten, rede ich mir immer wieder ein. Ich muß sie finden. Nachts denke ich an die Worte der zierlichen Frau aus dem Institut. »Alles, was über Lilo zu sagen ist, wurde bereits geschrieben.« Morgens erwache ich mit Kopfschmerzen. Sie gehen nicht wieder weg. »Streßsymptome«, sagt mein Arzt. »Das kann nicht sein«, protestiere ich, »ich habe pro Tag nur zwei Seminare, in der verbleibenden Zeit schreibe ich Briefe.« »Und bekommen Sie auch Antworten?« fragt der Arzt. Ich nicke, aber eigentlich sind es ja gar keine Antworten.

Nach einer Woche melde ich mich wieder gesund. Ich gebe meinen Krankenschein bei der Sekretärin ab, die gerade mit meinem Chef den Frühstückskaffee trinkt. Nebenbei fragt er, wann ich denn endlich mein Buch über Liselotte Herrmann fertig habe.

Endlich habe ich Glück. In einer Diplomarbeit der Hochschule aus dem Jahre 1975, in der sich Studenten mit dem Leben von Lilo beschäftigen, finde ich einen Brief. »Im Verlauf des Jahres 1929 bin ich auch mit Liselotte Herrmann bekannt geworden. Das kann bei Friedrich Wolf gewesen sein (genau weiß ich das nicht mehr) ...« Der Unterzeichner des Briefes ist Kurt Hager. Er ist

Mitglied des Politbüros der SED und als Sekretär des Zentralkomitees verantwortlich für Kultur- und Bildungsfragen.

»Du willst doch nicht etwa zu dem?« fragen mich meine Freunde. Hager gehört zu den Politikern, die gegen eine Reformpolitik in der DDR sind. Seine Äußerung nach einem Besuch bei Gorbatschow, daß man nicht auch gleich tapezieren muß, wenn der Nachbar renoviert, wird von vielen mit bitterer Enttäuschung aufgenommen.

Kurt Hagers Sekretär lädt mich zu einem Gespräch in das Haus des Zentralkomitees ein. Natürlich fahre ich zu dem für mich einzig greifbaren Menschen, der Lilo kannte. Für so ein Gespräch würde ich bis ans Ende der Welt fahren.

Mit einer Liste von Fragen im Kopf melde ich mich im Gebäude des Zentral-Komitees an. »Bitte fahren Sie mit dem Paternoster in den 2. Stock«, erklärt mir der Wachtposten nach eingehender Prüfung meines Personalausweises. Ich wundere mich über die ungewöhnliche Bezeichnung des Fahrstuhls. Ich denke darüber nach, bis ich vor dem dunklen Loch stehe, in dem sich ab und zu ein Trittbrett bewegt. Es bewegt sich mit einer für mich atemberaubenden Geschwindigkeit. »Das geht nicht«, sage ich. »Für mich geht das nicht«, erkläre ich dem Wachtposten, der immer noch freundlich lächelt. Erst als er begreift, daß ich nicht gewillt bin, in den Paternoster zu springen, hört er auf, mich monoton anzulächeln. »Hier muß es doch auch Treppen geben.« Nach einer kurzen Beratung mit einem anderen Wachtposten darf ich mit Begleitschutz die Treppe benutzen. Mehrmals muß ich meinen Ausweis vorzeigen.

In einem Zimmer im 2. Stock empfängt mich Hagers Sekretär. Nach wenigen Minuten weiß ich, daß meine Fragen nicht beantwortet werden. Der Sekretär versichert mir: »Kurt Hager kann sich nicht mehr an die Zeit mit Lilo erinnern.« Ich glaube ihm. »Wie kann ich Ihnen helfen?« fragt Hagers Sekretär. »Es muß im Institut für Marxismus-Leninismus noch andere Unterlagen geben«, sage ich, »ich muß sie haben, sonst komme ich nicht weiter.«

Nach dem Besuch im Haus des Zentralkomitees erhalte ich im Institut tatsächlich andere Akten und nun auch Kopien von Dokumenten. Mit verbissener Miene legt man mir die Materialien vor. Auch die zierliche Frau verhält sich abweisend. »Wir kennen uns doch«, sage ich und berühre sie am Arm. Ein paar Wochen später schreibt sie mir auf meine Frage nach dem Wohnort von Lilos Sohn, daß Walter Herrmann in den USA lebt. Doch zu diesem Zeitpunkt habe ich die richtige Adresse schon allein herausbekommen. Ich kann endlich aufhören, danach zu fragen. Ich habe es oft getan und niemals Antwort bekommen.

Viele meiner Briefe und Karten schicke ich entgegen allen Bestimmungen nicht mehr über den Dienstweg der Hochschule. Ich will die Antwortschreiben nicht mehr geöffnet in diesem Hause erhalten. Vor allen Dingen will ich den Brief von Walter Herrmann allein lesen. Doch Lilos Sohn antwortet mir nicht. Am 15. Mai 1988 telegrafiere ich ihm: »Herzlichen Glückwunsch zum Geburtstag. Bitte melden Sie sich!«

Der Mai ist vorüber. Der weiße Flieder sieht aus, als wäre er verrostet. Von Walter Herrmann noch immer kein Zeichen, oder haben meine Briefe ihn gar nicht erreicht?

Ich habe so viele Fragen an ihn. Inzwischen weiß ich, in welcher Klinik er geboren wurde. Eine Frau, die Lilo kurz nach der Entbindung Unterschlupf gewährte, hatte auf meine Post geantwortet. Es gibt viel zu erzählen aus dem Frühjahr 1934.

3.
Frühlingszeit

»Ein Maikätzchen«, hatte Dr. Hirsch nach der Geburt des Sohnes zu Lilo gesagt. Kinder, die in diesem Monat geboren werden, wachsen in eine wärmere Zeit hinein. »Ja, das hoffe ich«, sagte Lilo, und sie wußte, daß der Arzt ähnlich dachte wie sie.

1934 – was war das für ein Jahr, als sie den Jungen gebar? Es geht endlich aufwärts, sagen die Leute. Simsalabim – Hitler hat gezaubert. Innerhalb eines halben Jahres sind zwei Millionen Arbeitslose von der Straße verschwunden. Die Frauen können ihre Wäsche wieder nachts auf den Höfen lassen. Fort sind die Zigeuner und Kriminellen. Voll soll es in den Gefängnissen sein, aber sauber ist es auf den Straßen geworden. Und immer neue Straßen entstehen. In Scharen strömen die jungen Menschen zum Arbeitsdienst. 23 Pfennig pro Tag für jeden und auch für den, der das Mittagessen kocht. Welch eine Gerechtigkeit. Endlich wieder Arbeit. Aufwärts geht es, hört Lilo überall. Hokuspokus – Hitler schafft Ordnung. Fort sind die Schalmeienklänge der Kommunisten. »Gott sei Dank« sagt eine junge Mutter, »immer, wenn die Roten auf der Straße marschierten, hab ich den Jungen und das Mädchen eingesperrt. Wenn die Kommunisten unterwegs waren, gab es immer eine Schlägerei. Zum Glück sind jetzt die Straßen sauber.«

In den Villen- und in den Arbeitervierteln ist man Hitler dankbar. Die Fesseln des Vertrags von Versailles sind gesprengt. Unter geraden deutschen Männernasen wachsen schwarze Bärtchen. Schwarzbraun ist die Haselnuß. Und wenn das Barthaar rötlich schimmert, hilft man mit Wichse nach. Wem nicht einmal ein Bärtchen wächst, der kann wenigstens den Arm hochreißen. Die Finger sausen pfeilschnell in die Luft. Heil Hitler und nochmals Heil, Wohlergehen und Seligkeit. Der Heiland ist erschienen. Die Menschen strecken die Arme weit von sich mit untertäniger Eifrigkeit, mit ängstlicher Ergebenheit, mit jugendlichem Elan, mit fanatischer Begeisterung.

Es geht endlich aufwärts. Marschmusik. Die Beine zucken. Das Volk geht mit, begleitet von SA-Männern in braunen Uniformen, Pistole und Gummiknüppel am Koppel. Neben der Hakenkreuzbinde eine weiße Armbinde mit dem Aufdruck »Hilfspolizei«. Sie haben auf den Gleichschritt zu achten. Wer nicht ordentlich marschiert, wird aus der Reihe geprügelt. »Selbstverständlich wurden da und dort auch Unschuldige getroffen«, sagte Hermann Göring. »Selbstverständlich wurde auch da und dort geschlagen, und es sind Roheitsakte verübt worden.« Aber deshalb wird doch noch kein Marsch abgebrochen. Wo gehobelt wird, fallen Späne. Wer mit uns geht, hat nichts zu befürchten, beteuern die Nazis. Ein Fehltritt wird verziehen. Im Dezember 1933 berichtet der »Völkische Beobachter« von Gnadenerweisen für Schutzhäftlinge. Alle Ansprachen in den Konzentrationslagern schließen mit einem Sieg Heil auf den Führer. Dann setzen sich die Häftlinge singend zu den umliegenden Bahnhöfen in Marsch.

»Welch ein Hohn«, flüstert Lilo, »welch eine Lüge.« Langsam geht sie zum Fenster und schließt es. Nur noch dumpf hört sie die Marschmusik, die Trommeln, die fanatischen Schreie: »Das Proletariat hat keine Schlacht verloren, keine Niederlage erlitten ... es handelt sich nur um einen vorübergehenden Rückzug.« So steht es in einer Resolution, die das Zentralkomitee der KPD im Mai 1933 herausgegeben hat. Immer wieder hat Lilo den Text gelesen. Bald ist der ganze Spuk vorbei, hofft sie. Lilo möchte das Fenster aufreißen. Seht ihr nicht, was mit euch geschieht? Die Menschen da unten laufen blindlings den Trommlern nach.

Im Gleichschritt marsch! geht es in die Schulstuben. Hokuspokus – dreimal schwarzer Kater, der Sündenbock ist da. »Juden raus«, so steht es an den Wänden. Der Unterricht beginnt. Welcher Deutsche kennt kein jüdisches Geschäft, in dem er nicht schon einmal betrogen wurde? Und wer keinen Gauner namens Lewin oder Rosenthal kennt, hat bestimmt schon von ihnen gehört. Also, wir sprechen im Chor: »Die Juden sind die Drohnen, die Blutsauger in unserem Leben.« Wir sprechen es so lange, bis es jeder im Schlaf herbeten kann. Die Augen geradeaus! Wir sehen uns den Juden an – seine Hakennase, seine schlanken, raffgierigen Hände. Erhebt euch, deutsche Arbeiter, deutsche Bauern, und blickt weit zurück! Vor Jahrhunderten vertrieb man die Juden aus Spanien, aus Frankreich und aus England. Welch eine Blütezeit erlebten diese Länder danach. Wir sprechen im Chor: »Deutschland gedeihe«, und nun schlagen wir alle die Zeitschrift »Der Stürmer« auf. Gemeinsam lesen wir: »Den Juden soll Madagaskar zur Besitznahme angewiesen werden. Warum? ... Madagaskar ist ein herrliches, fruchtbares Land mit zahlreichen eingeborenen tapferen Volksstämmen. Am besten wäre die Insel Nowaja Semlja in der russischen Arktis, denn da gibt es keine anderen Menschen.« Wir beenden unseren Unterricht mit einem gemeinsamen kräftigen Lachen über den gelungenen Witz.

Der Unterricht wird in den Betrieben, in den Schulen, über die Radiogeräte und Zeitungen fortgesetzt. Nur wenige Deutsche sind unbelehrbar. Nur wenige Studenten der Friedrich-Wilhelm-Universität in Berlin protestieren gegen Faschismus und Judenterror. Alle, die den Aufruf unterschrieben haben, werden von der Universität verwiesen. Relegation heißt das in der Amtssprache. Ein sicheres Mittel, um sich Andersdenkender zu entledigen. Im Juni 1933 muß Lilo ihr Studium aufgeben. Auch sie hat den Aufruf unterzeichnet.

55 Jahre danach werden in der gleichen Stadt Schüler von der Carl-von-Ossietzky-Oberschule verwiesen. Sie wollten keine Militärparaden mehr zum Geburtstag der DDR. Das Urteil lautet Relegation und wird vom Ministerium für Volksbildung als gerechte Bestrafung für eine staatsfeindliche Tätigkeit erklärt. Weitere Fragen dazu sind nicht erlaubt, oder ist hier etwa jemand gegen den Sozialismus, oder will sich vielleicht jemand melden, der gegen den Frieden ist? Die verunsichert dennoch die Hand erheben, stecken sie schnell wieder in die Hosentasche. Nein, gegen den Frieden sind sie nicht. Ihre Fragen nach dem Schmerz, nach der Enttäuschung und der Bitterkeit der jungen Menschen nehmen sie mit nach Hause. Und abends erinnern sich Männer und Frauen, daß sie vor gar nicht langer Zeit ihre Eltern bedrängten. Was habt ihr damals geahnt, gewußt und getan? Nun fürchten sie sich, daß einmal ihre Kinder die gleichen Fragen stellen. Aber mit dem Morgenkaffee schlucken sie auch alles Bittere hinunter. Sie müssen zur Arbeit. Das Leben geht weiter. Ihre Kinder sollen es einmal besser haben.

Wer sein Studium behalten will, muß sich selbst dazu erziehen, vorbildlich deutsch zu sein. Aber dieser Satz ist bereits wieder an Lilo gerichtet.

Die letzten Tage an der Universität im Jahre 1933 sind nicht einfach für Lilo. Sie hat sich offen gegen Hitler bekannt. Einige ihre Kommilitonen verhalten sich abwartend. Noch ein paar Monate, dann haben die Nazis abgewirtschaftet! Die meisten hoffen jedoch auf Reformen im Staat und in der Gesellschaft. Nun ja, irgendwie ist der Hitler radikal und antiintellektuell, aber er liebt Autos, Flugzeuge und besonders die Architektur. Und sie werden es ihm nicht vergessen, daß er ihnen das in der Zeit der Weimarer Republik erstrebte Recht auf staatliche Anerkennung und Mitbestimmung zuerkannte. Endlich können auch sie ihre Vertreter in den Senat und die Fakultäten schicken.

Lilo sieht auf den Versammlungen der Studenten statt buntfarbener Mützen nur noch SA-Uniformen. Nichtarier und Ausländer sind von solchen Zusammenkünften ausgeschlossen. Frierend geht sie den langen Korridor im Universitätsgebäude entlang. »Pardon«, sagt ein Student, der ihr mit seiner Faust die Bücher und Hefter aus dem Arm schlägt. Lilo bückt sich schweigend. Seine Fußspitze, dicht neben ihren Fingern, wippt auf und nieder. »Bald seid ihr alle weg«, sagt er, »und kein Jude wird hier mehr lehren dürfen.« – »So wollt ihr es«, antwortet Lilo. Ihre Hefter und Bücher werden erneut zu Boden geworfen. Sie fliegen nach einem Fußtritt den Korridor entlang. Mit elegantem Schwung springt der Student über das Treppengeländer. Er dreht sich nach sicherem Stand mit einer Siegerpose zu Lilo um. Dann steckt er seine Hände in die Hosentaschen. Pfeifend und mit federnden Schritten geht er die Treppe hinunter. Vor der Universität warten schon seine Freunde. Grölend marschieren sie durch Berlin. Sie tragen ihre Kollegmappen wie Gewehre unterm Arm. Die Revers spannen sich, wenn die Jungs mit streng aufgerichtetem Oberkörper den Bierseidel an die Lippen setzen. Mit zarten, schlanken Fingern wischen sie sich zackig den Bierschaum von den Lippen, und einer sagt: »Erst beim dritten Ziegelstein hat's bei der Judensau gescheppert.« Und sie stoßen an auf zwölf Fensterscheiben. Und die diesmal noch nicht den Stein geworfen haben, wollen beim nächsten Mal nicht mehr feige sein, denn auch sie haben schließlich ein national-sozialistisches Gewissen. Und außerdem kann man sich ja auf Goebbels berufen: »Keinem Juden ist in Deutschland ohne Grund ein Härchen gekrümmt worden.« Also, Herr Wirt, noch 'ne Runde für die Fensterscheiben. Die jungen Männer stoßen zwölfmal an, und alle schreien: »Juden raus.«

Lilo entbindet ihren Sohn in der Klinik des jüdischen Arztes Dr. Hirsch. Er schenkt ihr Windeln und entläßt sie nach dem zehnten Tag. Für sechs Wochen bleibt sie mit Walter in einem Berliner Heim. Von einem guten Freund, dem Leiter der Buchhandlung »Rote Fahne« am Bülow-Platz, weiß Lilo, daß die Genossin Holzapfel sie und das Kind in dem Heim aufnehmen wird. Niemand ahnt, daß in dem kleinen Einfamilienhaus in der Schönhauser Straße Kinder verfolgter Genossen von Edith Holzapfel betreut werden. Daß die ehemalige Säuglingsschwester Jüdin ist, vermutet niemand in der Schuposiedlung. Hier stillt Lilo ihr Kind. Die größeren Kinder des Heims sind glücklich. »Wir haben jetzt ein Baby«, jubeln sie, »ein ganz, ganz kleines Baby.« Einmal kommt Pimmies Vater und fotografiert die Kinder im Garten. Deschi und Bibi betteln: »Unser Baby mußt du auch fotografieren.« Lilo wickelt den kleinen Walter in ein Kissen. Sie lacht und hält den Jungen im Arm. Die Kinder schneiden Fratzen. Sie wollen, daß auch ihr Baby lacht. Aber Walter schaut mit ernstem Gesicht in die Kamera.

Manchmal liegt er in seinem Bett und weint. Wenn es zu den Stillzeiten ist, wird Edith Holzapfel ärgerlich. Dauernd ist Lilo unterwegs. So richtig böse sein kann sie ihr aber nicht. An jeder Geste der jungen Mutter spürt sie, wie sehr Lilo ihr Kind liebt. Doch Fräulein Herrmann ist so schweigsam und zurückhaltend, daß sich nie ein längeres persönliches Gespräch ergibt. Lilo darf nicht über ihre Arbeit sprechen. Seit dem 1. November 1931 ist sie Mitglied der Kommunistischen Partei Deutschlands. Über ihre jetzige illegale Arbeit im Abwehrapparat der Partei darf kein Außenstehender etwas erfahren. Ihre Aufgabe ist es, Informationen über die Rüstungsproduktion zu sammeln und weiterzugeben. Das ist keine Arbeit, die Lilo unterbricht, wenn das Kind die Masern hat; keine Arbeit, die Lilo aussetzt, bis das Kind laufen kann. In dieser Arbeit geht es um das Leben ihres und anderer Völker. Es ist eine lebensgefährliche Arbeit für Lilo. Das weiß sie.

Im Sommer 1934 zieht Lilo mit dem Sohn nach Reinikkendorf. Mehrmals muß sie ihren Wohnsitz in Berlin wechseln. Je mehr Hände sich zum Hitlergruß erheben, desto mehr strecken sich die Zeigefinger.

»Endlich haben wir Deutschen wieder etwas zu melden«, sagt eine Bäckersfrau zu Lilo und zeigt einen Kunden an, weil der mit »Heil Moskau« grüßte. An einer Häuserwand steht mit Kreide: »Ein jedes Ding an seinen Ort, das Hakenkreuz auf den Abort.« Jeder darf sagen, welchem Kommunisten oder Judenfreund er solche Schmierereien zutraut. Ein Schüler meldet seinen Vater, weil der für das Winterhilfswerk und auch für das Eintopfgericht bei der Sammlung am Sonntag keinen Beitrag geben wollte. »Brav«, sagt der Lehrer und schreibt einen Brief an den Direktor. »Und so meine ich, daß für einen derartigen Verräter an der Volksgemeinschaft im neuen Staate kein Platz mehr sein kann!« Ausrufezeichen. Hochachtungsvoll.

Hochachtungsvoll gibt eine Stuttgarter Hausfrau an, daß ihr Schwager anläßlich seiner Musterung Trauerflor anlegte, obwohl weder in der näheren noch weiteren Verwandtschaft ein Trauerfall vorlag. Empört schneuzt die Hausfrau in ihr gestärktes Taschentuch. »Dabei hat doch der Führer«, sagt sie, »im März '35 glaubhaft versichert ...« – »Ja, ja«, sagt der Ortsgruppenleiter, »ja, ja.« Aber die Frau ist noch nicht fertig. Sie hat sich den Text extra herausgeschrieben und kramt schluchzend in ihrer Handtasche. Mit bebender Stimme liest sie: »Denn in dieser Stunde erneuert die deutsche Regierung vor dem deutschen Volk und der ganzen Welt die Versicherung ihrer Entschlossenheit, über die Wahrung der deutschen Ehre und der Freiheit des Reiches nie hinauszugehen und insbesondere in der nationalen deutschen Rüstung kein Instrument kriegerischen Angriffs als vielmehr ausschließlich der Verteidigung und damit der Erhaltung des Friedens bilden zu wollen.« Noch einmal schneuzt sich die Frau, bevor sie ihre Anzeige unterschreibt.

Der Sicherheitsdienst geht jeder Meldung nach. Monatlich verfassen Mitarbeiter der Gestapo Geheimberichte über die Arbeitsmethoden innerhalb der KPD. Verärgert stellen sie fest: »Das Zusammenfinden in den Betrieben hat sich schon zu einer gewissen Virtuosität entwickelt, da die Zahl der ehemaligen Marxisten gerade in den entscheidenden Groß- und kriegswichtigen Betrieben ständig im Wachsen begriffen ist.« Aber die Geheimberichte enthalten auch Erfolgsmeldungen. Bei Hausdurchsuchungen hat man Listen der KPD zur Abrechnung von Mitgliedsbeiträgen gefunden. Die Berichte schließen mit dem Versprechen, daß man diesen Kommunisten mit allen zur Verfügung stehenden Mitteln zu Leibe rücken wird. Eine fieberhafte Fahndung beginnt.

Im September 1934 muß Lilo Berlin verlassen. Andere Genossen werden an ihrer Stelle das illegale Material von Hand zu Hand weitergeben. Trotz der vielen Verhaftungen in Berlin werden weiter Flugblätter auf den Straßen liegen, werden nach wie vor Broschüren verteilt. Hinter den illustrierten Umschlägen mit Titeln wie »Die erste Hilfe bei Unglücksfällen«, »Warum nicht ein Musikinstrument?«, »Erfolg durch Nivea« ist zu lesen, wie Nazideutschland sich auf den Krieg vorbereitet.

Lilo fährt von Berlin nach Stuttgart. In das Tagebuch über Walter schreibt sie einen Tag später: »Reist 12 Stunden im Schlafwagen, ist äußerst brav, schreit die ganze Nacht nicht. Mitreisende bemerken erst morgens um 6.00 Uhr, daß ein Baby im Abteil ist.«

Von nun an lebt Lilo bei ihren Eltern. Sie arbeitet als Sekretärin im Ingenieurbüro ihres Vaters. Zweimal in der Woche geht sie zu einem Schreibmaschinen- und Stenografiekurs. Keiner darf erfahren, daß sie für eine Abteilung des Abwehrapparates[3]) der KPD arbeitet. Nach dem Kurs trifft sich Lilo heimlich mit Genossen. Sie tauschen Informationen über die Kriegsvorbereitungen, über die Stimmung in den Betrieben und über Probleme bei der Aufrechterhaltung der illegalen

Arbeit aus. Niemand darf die präparierten Zeitungen finden, die Lilo in ihrem Handgepäck hat, wenn sie zusammen mit dem Vater dienstlich in die Schweiz fährt.

Von Helene Stegmaier erfährt Lilo, daß Max Burghardt, ein Schauspieler aus Stuttgart, ihr neuer Verbindungsmann ist. Wie mit Helene verabredet, fragt er sie beim ersten Treffen im August 1935: »Rauchen Sie Schweizer Stumpen?« Lilo antwortet: »Ich bin Nichtraucherin.« Von da an begleitet Max sie jeden Montag oder Donnerstag nach dem Abendkurs in der Handelsschule Zepf.

Lilo erteilt Max Abwehraufträge. Die Informationen, die sie sich geben, sind kurz und knapp. Manchmal, wenn sie sich in den Wäldern treffen, reden beide länger, als es erlaubt ist. Lilo hört gern, wenn Max vom Theater und von seinen Auftritten erzählt. Zögernd erzählt sie ihm von ihren Zeichnungen. Leise spricht sie von ihrer Begeisterung über den Film »Panzerkreuzer Potemkin«. Wie gern möchte sie mit Max ausführlicher über Goethes »Dichtung und Wahrheit« sprechen, über Thälmann[4]), über die geliebte Käthe Kollwitz[5]) und über ihre Träume vom Leben im Kommunismus. Wie sehr vermißt sie das Reden mit Freunden. Aber die Regeln der illegalen Arbeit verlangen, daß sie ihre Freude, ihren Haß verbergen.

Besonders bei den Treffen nach der Abendschule in der Marienstraße müssen sie ihr Wesen verstellen, ihre Sprache verfremden. Statt von der Partei müssen sie vom Verein sprechen. Statt Genosse heißt es Freund. Statt Polizei Konkurrenz. Niemals dürfen sie sich in ihren Wohnungen treffen. Ihre wahren Namen kennen sie nicht. So schützen sie sich gegenseitig, wenn es zu Verhaftungen kommt. Man kann sie schlagen, treten, foltern. Selbst wenn sie die Besinnung verlieren, in ihren Angstträumen einen Namen flüstern, nie wird es der richtige Name sein. Und die Nazis werden das wissen und in ihrer Wut wieder schlagen, treten und foltern. Jeder Genosse weiß, was ihn bei einer Verhaftung erwartet. Schutzlos sind sie der Folter ausgesetzt. Aber der Schutz vor Verrat ist in den letzten Monaten des Jahres 1935 wichtiger als alles andere geworden. Die Gestapo hat einen umfangreichen Plan zur Bekämpfung der Staatsfeinde erarbeitet. Der geheime Bericht ist an alle Sicherheitsorgane und Parteiinstanzen gegangen. Besonders im Raum Stuttgart erwartet die Gestapo Erfolgsmeldungen. Das ist man dem Führer schuldig.

Eines der unangenehmsten Erlebnisse hatte Hitler nämlich kurz nach seiner Ernennung zum Reichskanzler in der Stadt Stuttgart. Dabei hatte der Abend des 15. Februar 1933 so gut für ihn begonnen. Ein Fackelzug marschiert ihm zu Ehren durch die Stadt. Hitler begibt sich vom Hospiz »Viktoria« in die Stadthalle. Die Menschen jubeln ihm zu. Hitler wird seine erste Rundfunkrede halten.

»Mindestens zwei Millionen Menschen werden den Reichskanzler hören«, sagt Goebbels und übergibt Hitler seinen Platz vor dem Mikrofon. Minutenlanger Beifall, fanatisches Geschrei. Die Stimme des Rundfunksprechers überschlägt sich. Wer keinen Platz in der Stadthalle bekommen hat, sitzt zu Hause vor dem Rundfunkgerät. Wer kein Rundfunkgerät hat, steht auf dem Marktplatz. Der Beifall aus der Stadthalle klingt wie nicht enden wollender Gewitterregen. Die Menschen starren auf die riesigen Lautsprecher wie Gläubige auf ein Götzenbild. In den Lokalen sind Radiogeräte aufgestellt.

Ein Wirt in der Neckarstraße beeilt sich mit dem Ausschenken. Für alle Tische gleich die doppelte Lage. Wenn der Führer erst einmal spricht, kann man schließlich nicht durchs Lokal rennen. Noch bevor er den Schaum von den letzten Gläsern gestrichen hat, kommt Hitlers erster Satz. »Mein deutsches Volk.« Wieder Beifall aus der Stadthalle. Das ist gut, denkt der Wirt. So kann er noch in Ruhe die letzten Gläser verteilen. Heute läuft der Laden, und der rasende Applaus aus dem Lautsprecher macht den Wirt flinker als sonst. Auch Hitler kommt immer mehr in Fahrt. Seine Zunge formt sich bei jedem »r« zu einer Roulade. »Ich habe den Vertretern dieser Welt zu sagen: Unser Kampf gegen den Marxismus ...« Ein Besoffener schlägt träge die Hände aufeinander. Der Wirt dreht nervös am Lautsprecherknopf und versetzt dem Apparat einen leichten Faustschlag. Doch vom Führer ist nichts mehr zu hören. »Feierabend«, lallt der Besoffene. Endlich meldet sich der Rundfunksprecher: »Die Übertragung ist im Augenblick gestört, wir schalten wieder um zur Stadthalle.«

Der Wirt streichelt erleichtert das Rundfunkgerät. Der Stoff über dem Lautsprecher vibriert im Rhythmus der Marschmusik. Zwei SA-Kapellen lösen sich ab. »Geht gleich weiter«, sagt der Wirt und serviert seinen Gästen im Stechschritt die nächsten Biere. Doch es geht nicht weiter. Noch einmal meldet sich der Sprecher: »Die Rede des Führers und Reichskanzlers kann nicht weiter übertragen werden. Sabotage macht das unmöglich. Weitere Mitteilungen erfolgen nach der sofort aufgenommenen Untersuchung.«

Es wird unruhig im Lokal. Jeder äußert Vermutungen. Niemand ahnt, was in unmittelbarer Nähe geschehen ist. Keiner der Gäste weiß zu diesem Zeitpunkt, daß in der nächsten Querstraße die einzige Stelle in der ganzen Stadt ist, wo das Rundfunkkabel oberirdisch verläuft. Zwei Männer verwickelten die Wachtposten in ein Handgemenge, zwei andere Männer trennten mit Beilhieben das Kabel.

Schon am nächsten Morgen ist auf über tausend Flugblättern in Stuttgart zu lesen: »Wir Antifaschisten haben Hitler das Wort entzogen! Wir rufen alle zum gemeinsamen Widerstand gegen das Naziregime auf, gegen die faschistische Diktatur, die unser Volk in die Katastrophe führt.« Wutentbrannt verläßt Hitler Stuttgart.

Beim Württembergischen Politischen Landespolizeiamt ist man bemüht, durch Erfolgsmeldungen dieses peinliche Vorkommnis abzuschwächen. Im August 1934 wird in einem Lagebericht stolz verkündet: »Im Laufe der zurückliegenden Monate sind ... fast alle Reste noch vorhandener geschulter Funktionäre den zahlreichen politisch-polizeilichen Aktionen zum Opfer gefallen.«

Einer der Aktivisten bei der »Aushebung der Widerstandsnester« der KPD ist Gottfried Mauch. Seit April 1934 arbeitet er als Ermittlungsbeamter im Kommunistenreferat. Noch ist er nur Kriminalsekretär. Wenn er es zum Obersekretär bringen will, muß er sich anstrengen. Mauch bemüht sich redlich. Er braucht den schnellen Erfolg.

Überall hat er seine Spitzel. In den Arbeiterzügen sitzen sie. Sie stehen in den Einkaufsschlangen und hocken in den Kneipen. Mauch ordnet an, daß seine Männer auffällig beobachten sollen. Die Verbreitung von Angst, das weiß Mauch, lähmt die Menschen. Wer Angst hat, dem schwinden die geistigen Kräfte. Angst –

ein Betäubungsmittel mit langsam vernichtender Wirkung. Tägliche Zeitungsmeldungen über Verhaftungen, Prozesse und Verurteilungen schüren die Angst. Mauch läßt Wohnungen durchsuchen. Ganze Straßenzüge werden durchkämmt. Gewissenhaft liest er die Berichte der ihm unterstellten Beamten.

Ein Rentner steht unter dem Verdacht, an einer kommunistischen Versammlung teilgenommen zu haben. »Verhaften«, ordnet Mauch an, »sofort verhaften.« Und weil der Mann immer wieder behauptet, daß er die Menschen, die in der Versammlung neben ihm saßen, nicht kennt, prophezeit Mauch: »Wenn Sie nicht geständig sind, machen Sie Ihrer Frau auch noch Probleme.« Ohne Haftbefehl wird die Ehefrau festgenommen. Nach neun Wochen bekommt sie einen Nervenzusammenbruch. »Sehn'se«, sagt Mauch gelassen, »jetzt ist Ihre Alte verrückt geworden.«

Weitaus ältere Kollegen in der Hauptleitstelle der Gestapo lernen von Mauch. »Man muß genauestens den Gesundheitszustand der Kommunisten kennen«, sagt Mauch. »Nierenkranke gehören in feuchte Kellerräume, wo kein Hocker und keine Liege sind. Verdammt günstig ist es«, meint Mauch, »wenn die Kerle schwangere Weiber haben, die man sich holen kann.« Er droht bei den Verhören mit KZ-Haft und Erschießung. Er weiß, was Angst bewirkt.

Immer besser ist Mauch über die Arbeitsmethoden in der illegalen KPD informiert. Er kennt den Aufbau des technischen Apparates und des Abwehrapparates der KPD. Schon im Juni 1935 hat er Lovasz, den Bezirksleiter der KPD Württemberg, und Grözinger, dessen engsten Mitarbeiter, gefaßt. Er hat die ehemalige Wirtin von Lovasz verhört. Jeden Tag ließ er sie kommen – ohne Ergebnis. Dann läßt er sie und ihren Sohn verhaften. Nach sechs Wochen muß er sie wieder freilassen. Das war deprimierend für ihn.

Nun hat Mauch andere Hinweise. Und einer dieser Hinweise wird ihn zu Liselotte Herrmann führen.

4.
Gefangen

Mauch reibt sich die Hände. Am 7. Dezember 1935 läßt er sich noch vor sechs Uhr morgens in die Hölderlinstraße 22 fahren. Auf sein Klopfen öffnet ihm die Frau, die er schon lange sucht. Mauch schiebt Lilo beiseite. Hektisch reißt er Bücher, Hefte und Fotos aus den Regalen. Wäsche fliegt durch den Raum. Lilo versucht gleichgültig zu wirken. Ihre Eltern werden ins Nebenzimmer gestoßen. Das Kind schläft noch. Lilo bemüht sich, nicht zum Spiegel zu blicken.

Wie oft hat sie geträumt, daß Männer von der Gestapo die Tür eintreten, sie von Walter fortreißen. Das Kind schreit, streckt die Arme nach ihr aus. Dann stößt man sie eine Wendeltreppe hinunter, die in ein gähnendes schwarzes Loch führt. Sie stolpert, stürzt, wird immer tiefer hinabgestoßen. Von den Wänden des schmalen Ganges hallen Walters Schreie wider. Nach solchen Alpträumen war sie schweißgebadet an Walters Bett getreten, hatte ihm die Stirn geküßt und seine Hände gestreichelt, die im Schlaf ihre Finger umklammerten.

Immer häufiger hörte sie von Verhaftungen. Gegen die Alpträume konnte sie sich nicht wehren, aber am Tag konnte sie die Ängste verdrängen. Wie oft sprach sie sich selbst Mut zu: »Dich werden sie niemals kriegen.«

Als sie im Sommer von Lovasz' Verhaftung erfuhr, schwor sie sich, jetzt erst recht weiterzuarbeiten. Nicht aufgeben, nicht aufgeben, dachte sie, wenn sie nachts Flugblätter verteilte, weit entfernte Schritte sie erschreckten. Doch sie hätte noch vorsichtiger sein müssen. Der Plan hätte nicht in der Wohnung bleiben dürfen. Lilo bereut bitter, daß sie kein anderes Versteck gewählt hat.

Jetzt nur nicht zum Spiegel sehen. Die Männer von der Gestapo trampeln auf den Kindersachen herum. Sie tun so, als wäre Lilo nicht da. Aber Lilo spürt, wie die Männer sie aus den Augenwinkeln beobachten. Mauch schiebt mit den Fußspitzen Walters rote Strickmütze beiseite. Er geht auf den Spiegel zu. Lilo stockt der Atem. »Was haben wir denn da«, sagt er triumphierend.

Was er da hat, weiß Mauch lange nicht, denn von Lilo erfährt er nichts. Immer wieder behauptet sie: »Der Plan wurde mir von unbekannter Seite zugeschickt, damit ich feststelle, was er beinhaltet. Weitere Angaben möchte ich nicht machen.« Lilo starrt zum Fenster. »Wir haben Zeit, viel Zeit«, sagt Mauch gelassen und bricht das Verhör ab. Er ist wütend, aber er kann seine Erregung gut verbergen. Auch ohne Aussage der Herrmann wird er herausbekommen, was die Lichtpause darstellt. Seine Kollegen werden Augen machen.

Mauch schickt eine Kopie der Lichtpause mit dem Vermerk »Eilt sehr!« an die Staatspolizeistelle in Hannover. Seine Vermutung, daß es sich um eine Gleisanlage der Reichsbahn handelt, wird von der Sicherheit nicht bestätigt. Dieser verdammte Plan, auf dem nur die Ortsangabe »Hannover« steht und der wie ein Schnittmusterbogen aussieht, läßt ihn nicht schlafen. Doch 20 Tage nach Lilos Verhaftung weiß er, daß er bei der Herrmann den Lageplan einer Munitionsfabrik in Scheuen bei Celle gefunden hat.

Mauch erhält die Anweisung, die Herrmann eingehend zu befragen, ob sie bei einer der mit der Ausführung der Bauvorhaben in Scheuen beauftragten Firma beschäftigt gewesen ist. Er zieht alle Register, er weiß, was er unter der Formulierung einer eingehenden Befragung zu verstehen hat. Er nimmt sich die Herrmann mehrmals vor. Er läßt sich die Eltern holen. Mauch ist sich fast sicher, daß die beiden nichts von den Machenschaften ihrer Tochter wußten. Von den drei Mietparteien im Hause der Herrmanns ist auch nichts zu erfahren. Sie geben an, keinen näheren Umgang mit der Familie gehabt zu haben. Auch der Berliner Bericht ist negativ. Die Herrmann ist dort vom 15. 11. 31 bis 20. 9. 34 polizeilich gemeldet gewesen und trat nicht in Erscheinung, teilt ihm die Gestapo der Reichshauptstadt mit. Stümper, alles Stümper in Berlin, denkt Mauch. Da faßt er eine Nachrichtenübermittlerin der Kommunisten, und in Berlin sind sie wieder einmal taubstumm und blind.

Aber Mauch hat ja außer Lovasz und Grözinger nun auch Steidle. Er verhört Steidle eingehend. Soviel Kombinationsgabe hat Mauch, um sich aus gehauchten, geschrienen und wirren Worten einen Reim zu machen. Dann endlich kennt er die Geschichte des Lageplans.

Er wurde der Firma »Stehle« gestohlen und an Steidle übergeben. Der übergab ihn der Herrmann, und sie sorgte für eine Verkleinerung. Wer das für sie erledigte, wird er schon noch herausbekommen. Wichtiger ist ihm, erst einmal zu erfahren, ob Abzüge von dem Plan in die Schweiz gelangt sind. Trotz strengster Geheimhaltung über die Rüstungsproduktion in den Dornier-Werken in Friedrichshafen wurden 1935 genaue Angaben in der Schweiz veröffentlicht. Schon lange war man auf der Suche nach den Informanten.

Mauch wittert die heiße Spur. Wenn er nur die Herrmann zum Reden bringen könnte. Er hat kräftige junge Männer kleingekriegt, gewinselt haben sie, wenn er nur im Keller auftauchte. Warum ist dieser Frau, einer schwachen Frau, nicht beizukommen? Verärgert nimmt er den Telefonhörer ab: »Dunkelzelle für die Herrmann. Meine Anweisung ist sofort auszuführen.«

Ein Schlüsselbund rasselt vor Lilos Zellentür. Müde erhebt sie sich vom Hocker und gibt mechanisch Meldung. »Dunkelzelle«, sagt die Beamtin. Es ist eine ältere Frau. Fast klingt Mitleid in ihrer Stimme. Als wäre eine Rechtfertigung nötig, fährt sie streng, aber ruhig fort: »Sie werden schon wissen, Herrmann, wofür.«

Lilo kauert sich in eine Ecke. Sie versucht zu schlafen. Vielleicht kann sie so die Zeit verkürzen. Es ist eben ein bißchen länger Nacht. Das werde ich schon überstehen, denkt Lilo. Dann schreckt sie hoch. Wie lange hat sie geschlafen? Waren es Minuten, Stunden oder Tage? Sie hat Hunger und Durst. Eine Unsicherheit wie bei einer plötzlichen Blindheit überfällt sie. Die Angst, in einen Abgrund zu stürzen, lähmt ihre Beine. Die mühsam ertasteten Zellenwände erschrecken sie. Mauchs Hände in ihrem Genick. Das Herz rast. Wer schnürt ihr die Kehle zu? Nur jetzt nicht aufschreien. Nicht flehen, nicht jammern. Sie hocken in den Ecken der Dunkelzelle, grinsend, horchend. Die Hand zum Schlag bereit. Auf jede Bewegung ihres Mundes warten sie, um daraus Namen zu formen. Nur nicht zusammenbrechen. Und fort mit den Wahnideen: »Sie sind entlassen, Fräulein Herrmann. Alles war ein bedauerlicher Irrtum. Laufen Sie zu Ihrem Sohn. Laufen Sie!«

Lilo kann sich nicht bewegen. Die Dunkelheit läßt den eigenen Atem lauter erscheinen. Behutsam tastet Lilo nach der Schläfe, nach dem Hals. Ihr Puls hämmert gegen die Handfläche. Sie starrt geradeaus, in diese ekelhafte Finsternis. Die Stunden verlieren ihr Maß. Sie werden zu schwarzen, unendlichen Nächten.

Eine Beamtin bringt Lilo in ihre Zelle zurück. Ein Raum voller Licht. Für Sekunden spürt sie die einfallenden Lichtstrahlen schmerzhaft auf den Lidern. Das Licht kann Lilo nicht wirklich weh tun. Wie nie zuvor genießt sie das Sonnenlicht.

Die Polizeibeamtin beobachtet sie durch den Spion. Manche Gefangene spielen nach der Dunkelzelle verrückt. Tun so, als würde man sie mit Säure bespritzen, wenn sie nur ein Lichtstrahl berührt. Sie schreien und toben, und das bringt Unruhe in die anderen Zellen. Aber hier hat Ruhe und Ordnung zu herrschen.

»Hart und gerecht mußt du sein«, hat der Frau ihr Vater mit auf den Weg gegeben, als sie in der Weimarer Republik Polizeibeamtin wurde. Ihre Kolleginnen, die jetzt neu eingestellt werden, sind anders. Sie sind nicht gerecht. Für sie ist jede Politische gefährlicher als ein Schwerverbrecher. Als könnten die Politischen die neue Macht stürzen. Die Politischen gehören für sie zu den Unverbesserlichen. Immer wieder lassen die jungen Wärterinnen die Frauen in den Zellen strammstehen, bis die Zellenmeldung so kommt, wie sie es wünschen. Wie Spürhunde hetzen sie in die Zellen. Sie finden streichholzgroße Bleistifte, aus Papierfetzen gebastelte Schachspiele und ausgekratzte Puderdosen. Und wenn sie nichts finden und in den Augen keine Unterwürfigkeit erblicken, sprechen sie ihre Befehle absichtlich undeutlich aus.

»Was denn, was denn, Herrmann! Sie weigern sich, die Anweisungen zu befolgen? Wohl Sehnsucht nach der Dunkelzelle!«

Zitternd hockt Lilo in der Zelle. Nach all der Anspannung sinkt der Kopf auf die Tischplatte. Nur nicht weinen. Vielleicht holt Mauch sie schon in ein paar Minuten wieder. Vielleicht auch erst nach Stunden oder Tagen. Aber er wird sie nicht in Ruhe lassen. Sie spürt, daß das erst der Anfang war. Lilo zwingt sich, den Kopf wieder zu erheben. Verrat, Verrat, dröhnt es in ihren Ohren. Vor ihren Augen tauchen Bilder von Lovasz, Steidle, Burghardt und Helene auf. Bilder, die in rascher Folge wechseln. Die Gesichter verziehen sich zu grinsenden Fratzen. Lilo hält sich die Augen zu. Die Bilder verschwinden für Sekunden, grelle Punkte mischen sich dazwischen. Sie muß sich ablenken. Sie wird sonst wahnsinnig. Mit den Fingerspitzen befühlt sie die Kritzeleien auf der Tischplatte. Obszöne Schmierereien ertastet sie, eingekerbte Striche und Daten.

»Gott hilf mir«, entziffert Lilo, und das Wort Liebe. Lilo versucht an Walter zu denken. »Hilf mir, Kind«, flüstert sie, und langsam tauchen vor ihren Augen Bilder von Walter auf. Sie sieht, wie er mit weit aufgerissenem Mund auf die Zinkbadewanne zuläuft. Es ist ein Stummfilm. An sein Kreischen, sein Lachen kann sie sich nicht erinnern. In ihren Ohren ist jetzt nur die Todesstille der Zelle.

Das derbe Öffnen der Zellentür reißt Lilo aus ihren Gedanken. Sie wird wieder vorgeführt. Mauch sitzt vor ihr und rümpft die Nase. »Sie stinken, Herrmann«, sagt er. Lilo antwortet darauf nichts. Sie weiß, daß er für sie verschärfte Haftbedingungen angeordnet hat. Kein Wäschewechsel und verkürzte Essensrationen.

Mauch lächelt zufrieden. Auf seinem Schreibtisch liegt ein Koffer. Mit einem kurzen Blick stellt Lilo fest, daß es genau so ein Koffer ist wie der, in dem sie illegales Material transportierte. Die geheimen Innenwände sind aufgerissen. Mauch schlägt mit der flachen Hand den Koffer zu und tätschelt ihn wie einen guten Freund.

»Sehen Sie«, sagt Mauch, »eigentlich erfahren wir auch alles ohne Ihre Hilfe. Aber Sie begreifen einfach nicht, daß wir Ihnen nur helfen wollen. Sie sind ein junger Mensch. Die Jugend ist forsch, gewiß, aber sie verrennt sich auch oft. Sie kommen doch aus gutbürgerlichem Hause. Ihre Eltern haben Sie doch nicht zu einer Vaterlandsverräterin erzogen. Vielleicht ist Ihnen gar nicht so recht bewußt gewesen, in welche Gefahr Sie Ihre Eltern und Ihr Kind durch die Sabotage gebracht haben. Wir können noch einiges geraderücken, wenn Sie uns die Namen der Leute nennen, von denen Sie, sagen wir mal, verführt wurden. Ihr Schweigen imponiert mir ja schon fast, aber man schweigt sich doch nicht um Kopf und Kragen. Und an Ihren Sohn sollten Sie auch mal denken.«

Mauch trommelt mit den Fingerspitzen auf den Koffer. Lilo versucht, sich auf den Rhythmus zu konzentrieren. Marschmusik, denkt sie. Die Nazis kennen nur Marschmusik und etwas Wagner, ein klein bißchen Liszt. Mauch beugt sich weit über den Tisch: »Was sind Sie nur für eine Mutter? Wollen Sie wirklich für Ihre verbissenen Ansichten das Kind im Stich lassen?«

Lilo hat die Arme nach hinten verschränkt. Es hilft ihr, wenn sie die Finger ineinander verhaken kann. Sie spürt sich. Eine kleine Stütze, um sich aufrecht zu halten. In väterlichem Tonfall erzählt Mauch ihr von seinem Sohn: »15 Jahre ist der Bengel jetzt. Unser ganzer Stolz.«

Ruhig sagt Lilo: »Ich kenne wirklich keine Namen. Meine Tätigkeit war doch viel zu gering.« Sie weiß, daß sie Mauch mit solchen Sätzen zur Weißglut bringen kann. Als er aufsteht, zuckt Lilo instinktiv zusammen. Sie spürt die Hand von Mauch wie eine Zange in ihrem Genick. Er preßt ihr ein Wasserglas an die Lippen. Sein hochrotes Gesicht ist dicht vor ihr.

»Ich möchte keine weiteren Aussagen machen«, flüstert Lilo. Unangenehm spürt sie den fremden, keuchenden Atem.

Mauch nimmt sich vor, seine Taktik zu ändern. Stundenlang sitzt er an seinem Schreibtisch und denkt über den Fall Herrmann nach. Er muß weitere Namen haben, und er weiß, daß nur die Herrmann sie kennt. Er wird anders mit ihr umgehen als bisher. Eigentlich hätte er das schon früher spüren müssen. Er kennt sie doch, die ganz verbohrten Kommunisten, die selbst unter den Schlägen stumm bleiben. Je mehr sie verfolgt werden, desto stärker verhärten sie. In den illegalen Aufrufen der KPD findet Mauch eine Bestätigung dafür.

»Je härter der Kampf, je zäher werden wir, und hoffnungsfroh sagen wir: Je eher kommt unser Sieg, und um so schöner wird er sein!«

Sie glauben tatsächlich noch immer an einen Umsturz. Mauch sieht es der Herrmann an den Augen an, an der Art, wie sie redet und wie sie geht. Die Hoffnung auf einen baldigen Sieg ist bei ihr nicht erschüttert. Sie hat noch immer dieses starke Selbstbewußtsein. Mauch wüßte gern, wodurch es genährt wird. Stellen sich die Kommunisten blind für die jetzige Lage? Haben sie noch immer nicht begriffen, daß sie die Rechnung ohne den Wirt gemacht haben?

Aber eins, da ist sich Mauch sicher, eins können sie alle nicht gut verwinden, wenn sie Verrat in den eigenen Reihen wittern. Da muß Mauch ansetzen. Und er wird sich Zeit nehmen müssen, mehr als ihm lieb ist.

Triumphierend wie ein Skatspieler mit einem guten Blatt zieht Mauch ein Foto nach dem anderen aus der Schublade. »Alles teure Genossen«, sagt Mauch, und nebenbei erzählt er Lilo etwas von Schweizer Stumpen. Er verwendet Redewendungen, die nur sie und Max Burghardt kennen dürfen. Er gebraucht Formulierungen, wie sie nur Helene Stegmaier verwendete. Lilo hört Einzelheiten über die Vertrauensratswahlen in den Dornier-Werken. Ein Bericht, den Lilo nur an Steidle gegeben hatte. Über ihre Treffen mit Lovasz hat Mauch Informationen.

»Fleißig, fleißig waren Sie und Lovasz«, sagt er, »das ist schon eine Leistung, in Württemberg monatlich 3500 kommunistische Zeitungen, Flugblätter und Broschüren zu verteilen.«

Es fällt Lilo schwer, gleichgültig auf die Fotos zu blikken. Mehr noch hat sie das eben Gehörte verwirrt. Verrat, Verrat, hämmert es in ihrem Hirn. »Kenne ich nicht«, spricht sie leise, obwohl Mauch die Fotos längst wieder in seinem Aktenordner hat. »Kenne ich nicht«, wiederholt Lilo. Monoton leiert sie den Satz immer wieder herunter. Noch als man Lilo aus dem Zimmer führt, murmelt sie den Satz mit apathischem Blick vor sich hin.

Mauch ist zufrieden. Er ist ein Stückchen weitergekommen. Das hat er hier in der Hauptleitstelle der Gestapo gelernt. Die Gefangenen, die nicht reden, können die Sprache ihrer Augen nie ganz auslöschen, so sehr sie sich auch darum bemühen. Und in den Augen der Herrmann ist für Sekunden ein Entsetzen aufgetaucht. Jetzt wird Mauch ihr keine Fotos mehr zeigen, und auch Fragen wird er kaum noch stellen. Das hat er sich genau überlegt.

Diesmal ist eine Vorführung angesagt. Bequem setzt er sich in seinen Schreibtischsessel. Die Tür wird geöffnet, und Mauch starrt in Lilos Augen. Mal sehen, wie das Weib reagiert. Lilo beißt sich auf die Lippen, gräbt sich die Fingernägel in die Handballen. Leise, ganz leise, sagt sie wieder ihren Satz. »Kenne ich nicht.« Vor ihr steht ein Genosse mit blutig geschlagenem Gesicht, mit einem Körper, den zwei Polizeibeamte stützen. Ein lebloser, schlaffer Leib mit gebrochenen, baumelnden Gliedmaßen und wirren Augen. Der aufgerissene Mund zu einem kindlichen Grinsen verzogen. Mauch läßt Lilo in ihre Zelle bringen.

Auf dem Flur führt man Helene an ihr vorbei. Nein, Lilo wird der Freundin nicht die Hand auf das geschwollene Gesicht legen. Sie wird ihr kein tröstendes Wort sagen. Die beiden Frauen werden Mauch nicht den Gefallen tun. Sie sehen sich nur an, und ihre Augen sagen: »Gib nicht auf, sei tapfer.«

Lilo wird in ihre Zelle gestoßen. Sie zwingt sich zum Denken. Grübeln darf sie nicht, dann kommen die Gesichter. Die von der Folter entstellten Gesichter ihrer Genossen. Da haben sie nun gelernt, wie sie illegal arbeiten müssen und daß das Schweigen das oberste Gebot jedes Genossen in der Haft ist. Wie leicht war es, sich Kommunist zu nennen, als man noch nicht dafür bluten mußte. Lilo verachtet alle, die sich 1933 von ihren Idealen lossagten und im Schutz ihrer eigenen kleinen häuslichen Welt abwarten wollten, wie sich das Leben da draußen entwickelt. Und die Denunzianten haßt sie noch mehr, die sich mit Raffinesse und gekonnter Heuchelei in die Reihen der Genossen geschlichen haben. Mit welchem widerlichen Eifer und mit welcher Lust üben sie Verrat. Aber was ist mit den Menschen, die unter der Folter nicht mehr Herr ihrer Sinne sind?

Menschen, zu denen sie aufgeblickt hatte. Niemand konnte voraussehen, wie jeder einzelne auf diese Hölle hier reagieren würde. Lilo weiß von Genossen, die bei den Verhören durch die Gestapo aus dem Fenster gesprungen sind. Sie wollten lieber tot sein als verraten. Aber sie weiß auch, daß die Nazis das Wort Freitod gern benutzten, wenn sie einen der Genossen erschlagen hatten.

Lilo will stark sein und niemanden verraten. Das erwartet sie auch von Helene. Aber kann sie die Kraft der Freundin einschätzen, wo sie nicht einmal weiß, wie lange die eigene Kraft noch reicht?

Lilo läuft in der Zelle auf und ab. Sie will nicht stehenbleiben. Von einer Ecke zur anderen geht sie. Das ist der weiteste Weg. Das hilft gegen die Angst und Erschlaffung. Was wird Mauch Helene noch antun?

Aber Helene ist stark. Ihr Vater war einer der Mitbegründer der KPD. Schon als 14jähriges Mädchen kassierte Helene für die »Rote Hilfe«. Gleich nach der Machtübernahme der Nazis wurde sie als Stenotypistin bei der Stadtverwaltung in Stuttgart fristlos entlassen. Sie hatte Aussagen über ihre Eltern und ihre Schwester verweigert. Als man Helenes Vater und ihre Mutter ins Konzentrationslager verschleppte, als ihre Schwester mit dem Kind ins Ausland emigrieren mußte, schloß sie sich einer Widerstandsgruppe an. Lilo ahnt, was auch Helene hier im Gefängnis zu erwarten hat. Für beide Frauen ist Einzelhaft angeordnet. Es ist ein schwacher Trost, ein erbärmlicher Trost, sich mit einer Freundin unter diesem Dach zu wissen.

Aber an Helene zu denken hilft. Und was sie von Mauch gehört hat, muß sie in Ruhe durchdenken. Wenn nur nicht diese Angst wäre, daß es gleich wieder weitergeht mit den Verhören, mit den Schlägen und mit den

Gegenüberstellungen. Mauch weiß viel. Es ist sinnlos, Einzelheiten abzustreiten, die er kennt und die er belegen kann. Aber neue Namen, die er haben will, wird sie ihm niemals geben. Es ist Zeit vergangen. Das ist gut so. Hoffentlich sind die alten Parteizellen umorganisiert worden. Sie muß Mauch kleine Zugeständnisse machen. Sein Arbeitseifer muß gebremst werden. Je aktiver Mauch ist, desto gefährdeter sind die Genossen, die noch arbeiten können. Und was man ihnen anlastet, kommt zu den Akten, wird nicht erneut gründlich untersucht. Die Arbeit der Genossen muß weitergehen, sonst war doch alles umsonst. Dieser kleine Widerstand muß weiterexistieren. Ohne ihn würde keiner mehr nachdenken. Niemand würde mehr etwas in Frage stellen.

Mauch läßt Lilo warten. Jeden Augenblick denkt sie, daß er sie holen läßt. Aber erst am 7. Februar 1935 muß sie ihm wieder gegenübersitzen. Er versteckt sein Gesicht hinter einem weißen Blatt Papier. Oberflächlich und schnell verliest er Einzelheiten über ihre illegale Arbeit. Mauch fordert sie auf, das Protokoll zu unterschreiben. »Damit wäre dann erst mal eine gewisse Phase der Voruntersuchung abgeschlossen«, sagt er und fingert auffallend an dem langen hölzernen Lineal. Mauch weiß mehr, als Lilo ahnt. »Das habe ich niemals angegeben«, sagt Lilo. »Nein, Sie nicht«, schreit Mauch, »aber das sind alles Tatsachen. Alles Informationen von ihren lieben Genossen.« Lilo kann kaum ihre Aufregung verbergen: »Und wer hat das zu Protokoll gegeben?« Wütend reißt Mauch die Schublade auf. Noch einmal legt er die Fotos auf den Tisch. Aufgebracht erhebt er sich. Wieder spürt sie seine Hand in ihrem Genick. Er stößt sie mit der Stirn auf die Bilder.

»Alle haben ausgesagt, alle!« Bei jedem Wort drückt er ihren Kopf auf die Tischplatte. Immer und immer wieder. Lilos Kopf dröhnt. Schlag mich doch tot, schlag doch, denkt sie. Doch Mauch hat aufgehört. Hektisch sucht er unter den vielen Fotos das Protokoll und legt es Lilo vor. Ihr Kopf schmerzt. Ihre Augen tränen beim Lesen. Immer wieder liest sie das Protokoll. Die Zeilen verschwimmen. Wer hat das nur alles angegeben? Mit schweißnassen Händen greift Lilo zum Federhalter. Schnell streicht sie die Namen von Helene und Max durch, dann unterschreibt sie.

Mauch reißt das Protokoll an sich. »Wohl verrückt geworden«, sagt er, als er auf die Streichungen blickt. Lilo erhebt sich: »Ich unterschreibe nur das, was mich persönlich betrifft. Eine Helene Stegmaier kenne ich nicht, und einem Max Burghardt habe ich niemals Abwehraufträge erteilt.«

5.
Die Untersuchung

11. Februar 1936 – die Schutzhaft ist für Lilo beendet. Welch ein Wort für diese Zeit! Schutzhaft – ich lege schützend die Hand über dich – ich biete dir Schutz unter meinem Dach – Schutzhaft! Ein Wort mit gutem Kern. Es beruhigt die da draußen, wenn man ihre Kollegen von den Arbeitsplätzen wegholt. Sie sehen, wie man den Nachbarn abführt.

Die Hölderlinstraße ist nicht menschenleer, als man Lilo in das Auto stößt, Männer und Frauen gehen zur Arbeit. Das Wort Schutzhaft verdrängt jegliche Skepsis. Werden sie nicht auch geschützt, wie vor einer ansteckenden Krankheit? Muß man sie nicht schützen, sie, die Retter des deutschen Vaterlandes? Sich über alles zu erheben, ist ein berauschendes Gefühl, und es gibt ihnen die Kraft, sich über alles hinwegzusetzen. »Höher«, schreit der kleine deutsche Mann, »höher«, und fortgeblasen ist jeglicher Gedanke an den großen Fall.

Noch Jahre, Jahrzehnte nach den Nazis liegt ein bitterer Beigeschmack in so vielen Worten. Volk und Volksfest, Held und Heldentum, Führerschein und Vaterland. Aber die Superlative keimen schon wieder wie Unkraut. Erinnert sich niemand mehr an den kleinen Häwelmann, der noch im Fallen schrie: »Mehr, mehr, mehr!« Längst vorbei die Geschichte aus den Kindertagen?

Auch Lilos Tage der Schutzhaft werden ausradiert, als hätte es sie nie gegeben. Tage, Wochen, Monate, die in der »Büchsenschmiere« von jeder Gefangenen gezählt werden. Mit brüchigen Fingernägeln in die Kalkwände geritzt, als hätte man ein Recht darauf, daß sie später abgerechnet werden. Aber Mauch klärt Lilo auf. Die Schutzhaft wird nicht angerechnet. Erst jetzt beginnt die eigentliche Haft, die Untersuchungshaft.

Lilo kommt in das Frauengefängnis in der Weimarstraße. Frühlingszeit – erste Sonnenstrahlen auf der Haut. Seit Monaten wieder Wind im Gesicht spüren. Endlich wieder diese gute Luft atmen. Eine Viertelstunde – ein paar Runden Glück im Gefängnishof. Schon als Kind sehnte Lilo den Frühling herbei.

Wie oft war die Mutter in den ersten warmen Tagen des Jahres mit ihr in den Wald gegangen. Frühlingszeit, machst uns das Herz so weit. Frühlingszeit, bringst uns viel Freud. Überall roch es nach Frühling. Lilo atmete so schnell, so gierig, daß ihr davon ganz schwindlig wurde. Frühlingszeit, alle Menschen sind von Herzen froh, oh, blieb es immer so.

Das große Gefühl von damals stellt sich nicht mehr ein. Es dringt nicht bis in ihre Seele. Zwischen den hohen grauen Mauern wird jedes kleine Glück zerrieben. Fohlen springen lustig übers Feld, schön ist die Welt. Vielleicht geht die Mutter genau an diesem Tag, zu dieser Stunde mit Walter spazieren. Der Kleine wird an ihrer Hand zappeln. Er wird hopsen und lange staunend vor den ersten Blumen stehen. Dann wird die Mutter mit ihm nach Hause gehen. Nachbarinnen haben sich Kissen auf die Fensterbretter gelegt und stecken die Nasen in die Frühlingsluft. Unschuldig lächelnd werden sie fragen: »Wo ist denn die Lilo?« Vielleicht wird die Mutter den Jungen dann fester bei der Hand nehmen und wortlos weitergehen. Vielleicht hat die Gestapo angewiesen, was bei solchen Fragen zu antworten ist. Vielleicht wird sie weinen. Vielleicht hat die Mutter noch die Kraft, dem Jungen ihre Tränen zu ersparen. Vielleicht, vielleicht ...?

Nichts weiß Lilo. Aber hier in der Untersuchungshaft darf sie endlich Besuch empfangen. Einmal im Monat. Wenn sie nicht gegen die Vorschriften verstößt, wird sie bald die Mutter oder den Vater sehen. Bald wird sie etwas von Walter hören. In diesem Mai wird ihr Kind zwei Jahre alt.

Ein Bild, nur ein einziges Bild von Walter! Man kann es dir nicht verwehren, wenn du dich an die Anweisungen hältst. Geh stumm mit den anderen Frauen auf dem ausgetretenen ovalen Weg. Verschränke beim Hofrundgang die Arme auf dem Rücken. Du willst ein Bild von deinem Kind. Schau nicht in die Gesichter. Halte den vorgeschriebenen Abstand ein. Trabe im Kreis. Mit dir gehen Huren, Diebinnen, Mörderinnen und Gleichgesinnte. Suche nicht mit Blicken nach Freunden. Was gehen dich die fremden Gesichter an? Du willst ein Bild von Walter. Wenigstens das. Dreh dich nicht um! Alle Selbstverständlichkeiten des Lebens sind unerreichbar geworden. Geblieben ist der unendlich schöne Anblick eines Stücks Himmel – zweimal in der Woche für eine Viertelstunde.

Die letzte Runde beginnt. Lilo spürt, wie sie von einer Frau beobachtet wird, die ihr gegenüber geht. Blitzschnell hebt die Frau die Faust zum Gruß und lächelt. Endlich eine Verbündete. Das Herz rast vor Freude. Zähm dich. Du darfst nicht reagieren. Aber das ist eine Gleichgesinnte. Eine der dreißig Frauen könnte dich melden. Gepfeife und Gebrülle von der Wachtmeisterin. Vorzeitiger Abbruch des Hofrundgangs. Gestrichen ist der Anblick des Himmels – für dreißig Frauen. Aber da ist eine Genossin. Du hast dich deinesgleichen immer zu erkennen gegeben. Vor ihnen würdest du dich nie verstecken. Wenn die Wachtmeisterin deine Reaktion entdeckt, wird sie dich bestrafen. Dunkelzelle und aus der Traum von einem Bild. Lilo hebt die Faust zum Gruß. Hastig und kaum merkbar. Sie lächelt zurück. Nun ist sie nicht mehr allein. Diese eine kleine Geste gibt ihr wieder Mut. Eine Verbündete ist da. Alle Menschen werden stark und frei. Schnell, ganz schnell atmet Lilo. Angenehm ist ihr dieses Schwindelgefühl. Frühlingszeit, denkt Lilo, und sie lächelt noch immer.

Die Frau, die sich als Genossin zu erkennen gab, wird in der Nachbarzelle eingeschlossen. Kaum merklich deutet sie auf die Türschwelle. Lilo ist überglücklich. Sie ist nicht mehr allein. Die Freude weicht nicht aus ihrem Gesicht. »Grinsen Sie nicht so blöd, Herrmann«, sagt die Wachtmeisterin. Lilo setzt sich auf den Hocker. Sie kann die Nacht kaum erwarten. Der Hocker ist nicht wie in der »Büchsenschmiere« festgeschraubt. Überhaupt ist hier alles anders. Der Klokübel hat eine Wasserspülung. Die Heizung funktioniert wenigstens so, daß man nicht mehr ständig unterkühlt ist. Irgendwann darf sie ein Buch aus der Gefängnisbibliothek haben. Vielleicht auch bald ein Foto von Walter. Und sie hat eine Gleichgesinnte neben sich.

Behutsam legt Lilo das Ohr an die gekalkte Wand, die übersät ist mit breitgeschmierten Flecken vom Ungeziefer. Immer wieder sieht sie zur Türschwelle. Sie erkennt einen schmalen Ritz. Wenn es nur endlich Nacht ist. Gestern hatte sie den Hocker dicht an die Fensterwand gestellt. Wenn sie normal auf dem Hocker steht, reichen ihre Augen nur bis zur undurchsichtigen Milchglasscheibe. Aber wenn sie sich an den Streben hochzieht, kann sie durch das Fensterglas sehen.

Irgendein Geräusch hatte sie gestern weit nach Mitternacht aus dem Schlaf geschreckt. Aufgeregt hatte sie durch das Fenster gesehen, aber auf der Straße schwankte nur ein Betrunkener. Sein Zeigefinger stach ins Leere, wenn er Verwünschungen gegen seine Frau lallte. In der Ferne konnte Lilo ein Paar erkennen, das eng umschlungen stand. Der Anblick schmerzte sie. Traurig legte sie sich auf ihr Bett. Später hörte sie wieder dieses Klopfen. Es machte sie nervös. Sie wußte nicht, ob es ihr galt, und sie konnte die Zeichen nicht deuten.

Endlich ist die Dunkelheit hereingebrochen. Lilo liegt auf dem Steinfußboden. Dann hört sie: »Wer bist du?« Knapp und verhalten erzählt Lilo. Sie erfährt, daß Maria seit dem 7. April 1935 verhaftet ist. Maria hat Streiks in Berlin und in Süddeutschland organisiert. Im Auftrag der KPD hat sie Frauengruppen angeleitet. Und Maria hat die Leninschule in Moskau besucht. Noch ein paar Minuten können sie miteinander flüstern. Die Aufseherin Fischer ist in Gmünd bei den Eltern. Erst als Lilo sich vom Boden aufrichtet, spürt sie die Kälte in den Gliedern. Lange reibt sie ihre Füße. Sie haucht in ihre Hände. Das nächste Mal muß sie sich auf die Decke legen, und sie will die Klopfzeichen lernen.

Das System wird nur von den Politischen angewendet. Es ist ein einfaches System, aber den Kriminellen ist diese Art der Verständigung zu mühsam. Auch keiner der Aufseher macht sich die Mühe, hinter den Code zu kommen. Wenn sie das Klopfen hören, verbieten sie es, und sie verhängen, je nach Laune, Strafen. Lilo hat das System begriffen. Sie kennt das Bild für die notwendige Anordnung der Buchstaben auswendig. Das Alphabet ist ein Feld, bestehend aus fünf senkrechten und fünf waagrechten Buchstabenreihen. Die Buchstaben i und j stehen auf einem Platz. Durch das erste Klopfen mit kurzen Abständen legt man die waagrechte Reihe fest. Durch das zweite Klopfen mit langen Abständen wird die senkrechte Reihe bestimmt. Der erste Buchstabe ist gefunden. Das Prinzip ist so einfach wie das Auffinden eines Ortes auf einer Landkarte nach vorgegebenen Planquadraten. Für das Wort Lilo muß man dreimal kurz, einmal lang, zweimal kurz, viermal lang, dreimal kurz, einmal lang und dreimal kurz und viermal lang klopfen. Nach dem ersten gehörten Satz schmerzt der Kopf vor Anstrengung. Für die ersten selbstgeklopften Sätze zahlt Lilo mit aufgeschlagenen, wunden Fingerknöcheln. Aber ihr Gehör wird mehr und mehr geschult.

»Zahnbürste«, klopft Maria. Lilo weiß damit nichts anzufangen, doch dann lächelt sie und nimmt sich vor, demnächst die Finger zu schonen. Nach den »Gesprächen« mit Maria ist Lilo aufgewühlt. Sie kommt lange nicht in den Schlaf und versucht zu zählen, aber sie kann sich nicht konzentrieren. Murkel ist wieder da, ihr Kind. »Er hat schon einige Zahlen begriffen und kann schon bis 6 zählen«, schreibt der Vater am 8. April 1936. »... eint, twei, dei, nier, fif, ses. Was willst Du noch mehr.«

Lilo spricht die Zahlen aus wie Murkel. Immer und immer wieder – bis sie ihre Stimme selbst wie aus der Ferne hört. Wenn sie aufwacht, wird ein guter Tag sein. Endlich darf sie wieder einen Brief an die Eltern schreiben. Der Briefbogen ist zu einem Drittel mit Verboten bedruckt: »Für Briefe an Gefangene dürfen nur ungefütterte Umschläge verwendet werden. Glückwunschkarten, Ansichtskarten und Scherzkarten werden nicht ausgehändigt. Wäschepakete werden durchsucht und die etwa enthaltenen Lebensmittel in der Küche verwendet. Zahnpasten, Hautcremes, Seifen, Spiegel, Schuhwichse und ähnliches dürfen nicht abgegeben werden. Das Mitbringen von Kindern ist verboten.«

Eine Frau wird in Lilos Zelle gebracht. »Sind Sie politische Gefangene?« fragt Lilo, nachdem die Wachtmeisterin den Raum verlassen hat. Josepha Burk nickt. Sie möchte jetzt nicht sprechen. Am 1. April wurde die 33jährige Köchin verhaftet. Sie hat politisch Verfolgten Unterkünfte beschafft. Josephas Kind ist bei ihren Eltern in Utting am Ammersee. Ob es dort noch in Sicherheit ist, weiß sie nicht. Sie weiß auch nichts von der zweiten Frau in ihrer Zelle. Jede beobachtet heimlich die andere.

Eine Wachtmeisterin bringt Schnüre und Perlen. Lilo und Josepha sollen Deckchen fädeln, die später als Kaffeekannenuntersetzer verkauft werden. Stückzahl und Muster sind vorgeschrieben. Lilos Mutter starrt während der Besuchszeit auf die Hände ihrer Tochter. »Die Blasen kommen wohl von den scharf gewürzten Speisen«, erfahren die Eltern am 23. April in einem Brief. Abends kühlen sich Lilo und Josepha die Fingerspitzen in der Wasserschüssel. »Du mußt dir die Blasen aufbeißen«, sagt Lilo. Josepha verzieht das Gesicht und fragt: »Kannst du Schach spielen?« Lilo nickt. Von nun an verstecken sie jeden Tag ein paar Perlen in der Zelle. Heimlich basteln sie sich Schachfiguren. »Fertig ist der König«, sagt Lilo und hält drei verknotete Perlen in die

Höhe. Josepha holt aus ihrer Schürzentasche einen Augenbrauenstift. »Klein, aber mein«, sagt sie, »und noch nie entdeckt.« Auf einem Stück Packpapier entsteht ein Schachbrett. Josepha hat, um den Stift zu schonen, jedes zweite Kästchen mit einem Punkt versehen. »Die braunen Punkte sind die schwarzen Felder«, sagt sie und kann das erste Spiel kaum erwarten. »Sonnenklar«, meint Lilo und setzt den ersten Zug. Fast jeden Abend spielen sie. Die Stunden am Tag vergehen schneller. Der Kopf hat endlich wieder eine gute Arbeit. Heute abend krieg ich dich, denkt Lilo und schaut Josepha mit zusammengekniffenen Augen an.

»Das ist Diebstahl«, sagt die Wachtmeisterin. Wie Unrat knüllt sie Packpapier und Figuren zusammen. Lilo und Josepha sind aufgesprungen, machen ihre Meldung. »Das gibt Dunkelzelle«, sagt die Wachtmeisterin und geht. Die Strafe bleibt aus. Aber das wissen die beiden Frauen nicht. Sie versuchen ihre Angst durch Gespräche zu verdrängen. »Walter hat seine Locken verloren«, sagt Lilo. Und auch Josepha erzählt von ihrem Jungen. Nachts bekommt Lilo Zahnschmerzen. Sie stöhnt. »Was hast du?« fragt Josepha und streichelt Lilos Wange. »Sie haben mir den Zahn aufgebohrt bis zur Wurzel – schon im Januar.« Den Eltern schreibt sie kurz und knapp von ihren Schmerzen. »Hier ist das alles sehr umständlich. Macht Euch keine Gedanken.«

Die Eltern sollen sich nicht sorgen. Beim letzten Besuch hat Lilo es nicht geschafft, ihre Tränen vor der Mutter zu verbergen. »Ihr wißt doch, ich heule leicht, aber nicht lange«, schreibt sie nach Hause. Lilo kann die Besuchstage kaum erwarten. Doch am 1. Mai wird sie schon nach kurzer Zeit wieder in die Zelle zurückgebracht. »Ist deine Mutter nicht gekommen?« fragt Josepha. Lilo zuckt mit den Schultern. Die ersten

Minuten kann sie nicht sprechen. Dann sagt Lilo: »Ich weiß nichts, gar nichts weiß ich.«

Fünf Tage später wird ihr ein Brief ausgehändigt. Der Vater schreibt, daß die Mutter wegen einer Gallenkolik ins Krankenhaus mußte. Lange Zeit bekommt Lilo keine Besuche mehr. Aber wenigstens schreibt der Vater, so oft er es darf. »Schau her«, ruft Lilo und breitet die Arme wie ein prahlsüchtiger Angler aus. »Schau her, so groß ist das Walterle jetzt.« Doch dann läßt sie den Brief plötzlich fallen. »Die Bilder«, sagt sie und immer wieder: »Die Bilder, wo sind die Bilder von meinem Kind?« Josepha versucht Lilo zu beruhigen. Die Wachtmeisterin schließt die Zellentür auf. Lilo macht keine Meldung. Sie sagt nur noch heiser: »Wo sind die Bilder?« Die Wachtmeisterin ist ehrlich verwundert. Da steht nun auf jedem Briefbogen extra ausgedruckt, daß Ansichtskarten nicht ausgehändigt werden. »Wo kämen wir denn hin«, sagt sie, »wenn wir uns nicht an die Vorschriften halten.« Lilo bittet den Vater, keine Vergrößerungen von Fotografien zu schicken. »Ein kleines Bild«, bettelt sie, »ich möchte meinen kleinen süßen Affen so gerne sehen.« Doch auch in dem nächsten Brief ist kein Foto.

Mauch schreibt auf seinen Protokollbogen: 26. Mai 1936. Noch immer weiß er nicht, wer die Lichtpause des Lageplans anfertigte. Heute will er es erfahren. Wenn es sein muß, wird er sich den ganzen Tag, die ganze Nacht mit der Herrmann beschäftigen.

»Den Namen des Mannes möchte ich vorläufig nicht nennen«, sagt Lilo. Mauch lächelt: »Ist mir klar, völlig klar. Wer möchte schon gern den eigenen Vater angeben. Als Leiter eines Ingenieurbüros fertigt er doch

Lichtpausen mit links an.« – »Nein«, ruft Lilo dazwischen, »mein Vater hat damit nichts zu tun.« Wie im Traum hört sie, daß man den Vater verhaften wird. Und Walter kommt in ein Umerziehungsheim der Nazis. Bevor er richtig sprechen kann, wird man ihm den Arm hochreißen zum Hitlergruß. Sie werden seinen Geist vergiften. Ihr Kind – eine Marionette der Faschisten. Und der Vater wird reden. Irgend etwas wird er stammeln, wenn sie ihn zusammenschlagen. Er wird nicht mehr hören, was er sagt. Er wird nicht ahnen, in welche Gefahr er sich und den kleinen Walter bringt. Der Junge muß doch weiterleben. Er darf nicht in eins ihrer Heime. Jede menschliche Regung töten sie ab. Vertrauen, Freundschaft, Freiheit, Liebe – alles ersticken sie. Kinder ohne menschliche Empfindungen sind tot. Walter darf nicht verseucht werden mit ihrem Haß, mit ihrer alles verachtenden Überheblichkeit. Das Kind muß leben. Es ist ein Teil von ihr. Nur so kann sie alles Kommende überstehen. Nicht das Kind, nicht das Kind, hämmert es in ihrem Kopf. Ihr Herz rast.

Langsam öffnet Lilo den Mund: »Nur um meiner Eltern willen sage ich, daß dieser Mann Walter Wieland heißt.« Mauch kann seine Freude kaum verbergen. Nach über fünf Monaten hat er die Herrmann soweit. Er muß sich jetzt beeilen mit seinen Fragen. Sie ist durcheinander, aber sie redet. Das will er nutzen. »Wieviel Lichtpausen waren es denn?«

Lilo sieht ihn an, als hätte sie seine Frage nicht verstanden. Sie muß Zeit gewinnen, um wieder ruhiger zu werden. Als sie Mauch antwortet, ist kein Zittern mehr in ihrer Stimme: »Wenn man glaubt, ich hätte bereits eine Lichtpause weitergegeben, und mich deswegen verurteilt, dann gibt es eben einen Justizmord mehr.« Verärgert kritzelt Mauch auf seinem Notizblock. Eben noch glaubte er, diese Frau gebrochen zu haben, und jetzt schon wieder dieser freche Ton. Wo nimmt sie nur die Kraft her? »Ich werde Sie Wieland gegenüberstellen«, sagt er. Für ihn ist das heutige Verhör beendet.

Die Polizeibeamtin will Lilo hinausführen. Doch Lilo hat Mauch noch etwas mitzuteilen: »Ich bitte aber, daß diese Gegenüberstellung vom Gericht und nicht von der Polizei vorgenommen wird. In dem Wort Gericht liegt wenigstens noch etwas von dem Wort Recht, während man bei der Polizei überhaupt kein Recht hat.« – »Das Verhör ist abgebrochen«, schreit Mauch.

Spät wird Lilo in ihre Zelle zurückgebracht. Josepha schläft. Lilo legt die Stirn auf die Sitzfläche des Hokkers. Sie steht auf, schlägt mit der Faust auf die Brust. Wie kann sie nur ihr Herz beruhigen? Überall spürt sie seine Schläge – in den Schläfen, in den Fingerspitzen. Es hämmert gegen das Trommelfell. Nur – um – meiner – Eltern – willen. Nein, sie spricht nicht laut. Sie flüstert nicht. Lilo hat beide Hände vor den Mund gepreßt. Niemand darf sie hören, auch Josepha nicht. Sie muß schweigen. Wochen, Monate hat sie es bereits geschafft.

Niemand weiß, daß sie einen Tag nach ihrer Verhaftung am 7. Dezember ein Treffen mit Walter Wieland vereinbart hatte. Er wird sich in Sicherheit gebracht haben. Die Genossen werden nach Steidles Verhaftung den militärpolitischen Apparat wieder neu aufgebaut haben. Sie werden wissen, wer verhaftet wurde, und sie werden Nachforschungen über die Ursachen angestellt haben. Das gehört schließlich auch zu ihren Aufgaben. Die Nazis werden nichts Wesentliches über Walter Wieland erfahren, wenn sie weiter schweigt. Kein anderer Genosse kann Auskünfte über ihn geben. Die Nazis werden ihn nicht bekommen. »Du mußt jetzt schlafen«, flüstert ihr Josepha zu.

Am 28. Mai 1936, zwei Tage nach Lilos Aussage, wird Walter Wieland in seiner Wohnung in Stuttgart verhaftet. »Aus ihrer Hochzeit nächste Woche wird wohl nichts«, sagt Mauch grinsend. Die Vorstellung des Kriminalsekretärs, erneut einen großen Fang gemacht zu haben, erfüllt sich nicht. Trotz eingehender Befragung des Untersuchungsgefangenen muß Mauch für die Handakten des Reichsanwalts notieren: »Wenn es auch den Anschein hat, daß die Zeugin Herrmann, die zu dem Beschuldigten Wieland entlastende Angaben gemacht hat, um ihn vor einer Bestrafung zu schützen – zumal sie seinen Namen nur mit großem Widerstreben preisgegeben hat –, so läßt sich doch nicht mit hinreichender Sicherheit feststellen, ob Wieland von der Zeugin Herrmann erfahren hat oder aus ihren Erklärungen fest entnehmen mußte, was der Plan darstellte.«

Nach einem Jahr Haft muß die Gestapo Walter Wieland entlassen. Die Gründe für eine Verurteilung reichen nicht aus. Bis zum Frühjahr 1944 steht er unter ihrer Beobachtung. Zwei Jahre nach Ende des Krieges schreibt Walter Wieland an Max Burghardt: »Ich bin Lilo unendlich dankbar.«

»Ich habe ein Foto für Sie«, sagt Mauch. Lilo starrt geradeaus und zuckt die Schultern. »Dann helfe ich ein wenig nach«, bietet Mauch betont freundlich an, »Artur Göritz, Schlosser in den Dornier-Flugzeugwerken, Sportler im Arbeiterschwimmverein Stuttgart, aber, das wissen Sie ja selbst.« – »Nein, ist mir nicht bekannt.« – »Was denn, was denn, eines der aktivsten Mitglieder der ›Roten Hilfe‹ wollen Sie nicht kennen?«

Mauch wird nichts von Lilo bestätigt bekommen. Er weiß, daß Artur Göritz exakte Informationen über die Herstellung von Flugzeugtypen, über den Umfang der

Produktion und über die Stimmung in der Belegschaft an seine Genossen gegeben hat. Er kennt die Orte der getarnten Ausflüge. Aber nichts wird Lilo Mauch bestätigen. Das wird Artur nicht helfen. Mauch weiß schon zu viel. Doch wenn sie jetzt schweigt, schützt sie Genossen, die noch arbeiten können. Es darf nicht alles umsonst gewesen sein. Wenn sie jetzt nichts sagt, bleibt Mauch nur die Frage: »Was wissen Sie über Göritz?« Lilo wird nicht antworten. Mauch schreit und klappert mit seinem Holzlineal den Takt dazu.

Während man Lilo in die Zelle bringt, läßt Mauch sich Göritz holen. Der junge Mann redet und redet. »Die Kommunisten haben mich angegeben, um einen anderen zu schützen. Eine Liselotte Herrmann ist mir nicht bekannt. Aber einen Josef Steidle kenne ich. Unsere Gespräche waren rein privater Art.« Mauch kann es nicht mehr hören. In blinder Wut schlägt er zu. Artur Göritz hört nicht auf zu reden. »Ostern waren wir im Walsertal. Eine Radtour. Ganz familiär war das, ganz privat, Ostern eine Radtour. Der Betrieb hat mich doch zur Geheimhaltung verpflichtet. Niemals habe ich Informationen weitergesagt. Das muß ein anderer gewesen sein, der immer noch frei herumläuft.«

»Raus!« schreit Mauch, und Göritz redet noch immer: »Ostern, ganz privat, eine Radtour, ich kenne keine Herrmann.« Mauch läßt sich Verwandte und Bekannte von Göritz vorführen. Die Ausbeute ist erbärmlich.

Ein Friseur aus Stuttgart gibt über Göritz zu Protokoll: »Ich habe noch nie freundschaftlich mit ihm verkehrt und war auch nicht besonders gut auf ihn zu sprechen, weil er es stets verstand, sich überall vorne hin zu machen.«

Mauch gibt es auf, die Herrmann und Göritz erneut eingehend zu befragen. Er muß es aufgeben, wenn ihnen noch lebend der Prozeß gemacht werden soll. Das zusammengetragene Material reicht aus. Er wird noch einmal als Zeuge in dem Prozeß auftreten. Dann ist der Fall für ihn erledigt.

Gottfried Mauch, 42 Jahre, verheiratet, Kriminalsekretär in Stuttgart, wird sich am 10. Juni 1937 um 9.00 Uhr zur Sache äußern. Auf eine Beeidigung wird verzichtet. Dann wendet er sich anderen Fällen zu. Endlich, im August 1939, wird Mauch Kriminalobersekretär, und 1944 ernennt man ihn zum Kriminalinspektor. Aber bis dahin muß er noch viele Fälle klären.

Auf seine Veranlassung werden fünf sowjetische Staatsbürger ohne Gerichtsverfahren erschossen. Er entzieht einem sowjetischen Arzt das Essen. Mauch vermutet eine Verbindung zu deutschen Ärzten und Offizieren. Außerdem ist ihm zu Ohren gekommen, daß der Russe Aljberdowsky sich kritisch gegenüber dem System geäußert hat. Mauch weist an: »Der Gefangene bekommt erst dann etwas zu essen, wenn er an die Zellentür klopft und mich, nur mich sprechen will.« Nach über zwanzig Tagen stirbt Josef Aljberdowski. Er hat nichts mehr gegessen. Er hat nichts gesagt.

Das ist 1950 alles aufgelistet in einer achtzehnseitigen Anklageschrift des Landgerichts Stuttgart. Als weitere Punkte werden unberechtigte Festnahmen, vorsätzliche Körperverletzungen und die Anwendung von Zwangsmitteln genannt. Es fällt der Vereinigung der Verfolgten des Naziregimes in Stuttgart nicht schwer, Beweismaterial gegen Mauch zusammenzutragen. Aber erst im September 1950, nachdem man Mauch zwei Jahre aus gesundheitlichen Gründen verschonte, tagt das Stuttgarter Schwurgericht. Das Urteil lautet: »Zwar liegen manche Verdachtsmomente gegen den ehemaligen Gestapobeamten Gottfried Mauch vor, aber zu einer Verurteilung reichen sie nicht aus.« Man bestätigt Mauch, daß er als Beamter des Kommunistenreferats stets sachlich gearbeitet habe. »Wünschenswert wäre eine zukünftige Tätigkeit in dieser Richtung«, schreibt man in der Presse. Mauch lehnt das ab, aber ein Schlußwort im Prozeß läßt er sich nicht nehmen: »Darüber, daß ich die Kommunisten bekämpft habe, empfinde ich keine Reue. Sie werden heute wieder bekämpft, und sie werden noch mehr bekämpft werden.«

6.
Märchen

Nach einem halben Jahr Untersuchungshaft wird Josepha Burk entlassen. »Wieviel Jahre werden sie dir geben?« fragt Josepha beim Abschied. Lilo zeigt die Finger einer Hand. »Ich werde meinen Sohn wiedersehen«, sagt sie voller Hoffnung.

Walter mit einer Schaufel vor der Sandkiste. Ein strahlendes Kindergesicht. Lilos Mutter hat ein Bild gebracht. Lange nach Mitternacht klopft Lilo an Maria. Walter – Foto – Sehnsucht. Dann legt sie das Foto neben sich. »Komm zu Mama«, flüstert Lilo. »Mama erzählt eine Geschichte vom schwarzen Ponypferdchen, das mit dir weit in die Welt will. Komm ganz dicht zu mir. Mama hat dich lieb.« Gegen Morgen schläft Lilo mit dem Bild von ihrem Jungen ein.

Die Geschichte vom schwarzen Ponypferdchen – Lilo schreibt sie am 7. Januar 1937 auf. Am 22. Januar erzählt sie Walter in einem Brief von Buschi, dem Orangkind. Von der Entenfrau Putz schreibt sie am 4. Februar. Weil die Zeilen auf dem linierten Gefängnisbriefpapier nicht ausreichen, wird das Märchen von Frau Putz am 31. März fortgesetzt. Am 7. April denkt sich Lilo die Geschichte vom Daumenlutscherbub aus. Am 25. April das Märchen vom Häschen Zottelohr. Wie das Spinnlein wieder zu seinen Beinen kommt, schreibt Lilo am 8. Mai. Am 23. Mai die letzten Geschichten. Erzählt wird von einem angebundenen Buben und vom tiefen See, der zum Plätscherbrunnen wird. »Jetzt tanzt die Sonn' in seinem Wasser, und wenn der Mond drin badet, hörst du den See ganz leise lachen!« schreibt Lilo.

Sie bettelt in so vielen Briefen: »Laßt es mich doch wissen, wie das Walterle die Märchen aufgenommen hat.« Doch die Eltern reagieren darauf nicht. Nur einmal bemerkt der Vater, daß sie für das Kind wohl noch zu hoch sind.

»Ich habe keine Erfahrungen im Geschichtenschreiben«, entschuldigt sich Lilo, und sie erklärt. »Gute Geschichten zu schreiben ist für mich jetzt besonders schwer. Ich lese gerade Eckermanns Gespräche mit Goethe und von Humboldts ›Leben und Wirken‹.« Für ihre eigenen Geschichten bleiben Lilo nicht mehr als zwei Seiten im DIN-A5-Format. Auf den restlichen eineinhalb Seiten will sie mit den Eltern sprechen.

Lilo hat Stenografie geübt. Die Rätsel in der Gefängniszeitung »Der Leuchtturm« gefallen ihr. Sie bedankt sich für den Schlafanzug. »Ich habe jetzt so viele neue Sachen, die draußen noch lange reichen werden.« Und immer wieder die Bitte, daß die Eltern dem Walterle die Geschichten recht oft vorlesen. »Ja, und das ist nun alles, was ich für ihn tun kann, und das ist sehr wenig. Und daß Ihr das andere nicht nur zum Geburtstag, sondern immer tut, darüber bin ich eben sehr froh. Das wollte ich Euch heute auch mal wieder gern sagen.«

In keinem der Briefe fehlt ein Dank an die Eltern. Immer wieder tröstet Lilo sie. Die Eltern sollen sich wegen Lilos bißchem Rheuma keine Sorgen machen. Seit einem Jahr ist ihre Tochter stark erkältet. »Mein Schnupfen ist fast vorbei«, schreibt Lilo im Januar 1937. Ihre Mutter antwortet noch im gleichen Monat:

»Freuen würden wir uns, wenn Du bald wieder zu Hause wärst.« Wie schwer es Lilo mit solchen Worten hat, sieht die Mutter nicht. Aber Elise und Richard Herrmann sehen, wie der Stapel der Briefe aus dem Gefängnis von Monat zu Monat wächst. Die Hasen, den Frosch und die Sonne, die Lilo zu den Märchen zeichnet, wird Walter erst nach über fünfzig Jahren sehen.

Ich schreibe über die Märchen in einem Artikel, den ich an drei Zeitungen schicke. Dieser Artikel weicht ab von all den Standardveröffentlichungen, die es in jedem Jahr, von 1946 bis 1989, über Liselotte Herrmann gibt. Immer, wenn sich ihr Geburtstag oder der Tag ihrer Hinrichtung jährt, sieht man Lilos rundliches Gesicht mit der Nickelbrille in den Zeitungen. Die Artikel gleichen sich. Auch bei den veröffentlichten Fotos gibt es nichts Neues. Entweder Lilo in der hellen Hemdbluse mit dunklem Schlips oder Lilo mit dem Sohn auf dem Arm. Die abstehende Haarsträhne ist in vielen Aufnahmen wegretuschiert.

Mit allen Veröffentlichungen ergeht die Mitteilung an uns, daß wir im Sinne der Widerstandskämpfer handeln, wenn wir alle Anstrengungen auf die Erhaltung des Friedens und die weitere Gestaltung der entwickelten sozialistischen Gesellschaft richten. Die immer größer werdenden Probleme bei dieser Gestaltung werden von den Politikern verschwiegen. Die Artikel werden schon lange nicht mehr gelesen, denn von Widerstandsrobotern und Geschichten aus dem Bilderbuchkommunismus hat man wirklich genug gehört.

»Märchen für das Kind«, nenne ich meinen Artikel, der zum erstenmal auch von der Existenz Walter Herrmanns berichtet. Ich zitiere aus Lilos Briefen, die erst jetzt gefunden wurden.

Ein Redakteur vom »Neuen Deutschland«, dem Organ des Zentralkomitees der SED, schreibt mir, daß er leider auf meine Post nicht antworten konnte. Er war im Urlaub. Bei meinem Anruf erfahre ich, daß mit der Würdigung des 80. Geburtstages von Liselotte Herrmann bereits ein bekannter Historiker beauftragt ist.

Gleich nach diesem Telefongespräch rufe ich bei Karl-Heinz Jahnke an. Er arbeitet als Historiker an der Universität in Rostock. Seit Jahrzehnten beschäftigt er sich mit dem Jugendwiderstand im Dritten Reich. Seit 1987 kenne ich ihn. Als Student erfuhr er durch Hermlins Buch »Die erste Reihe« von Lilos Schicksal. Auch Karl-Heinz Jahnke will Lilos Leben kennenlernen. In den 50er Jahren ist er auf die spärlichen Zeugnisse von Artikeln und Flugblättern angewiesen. Später, als er in Berlin und Stuttgart Unterlagen auswerten kann und mit Zeitzeugen spricht, berichtigt er Fehler in seinen früheren Veröffentlichungen. Ich beneide ihn um Gespräche mit Menschen, die Lilo noch kannten. Er beneidet mich um die Einsicht in Nazijustiz-Akten. Viele davon wurden ihm nicht vorgelegt.

»Über die Arbeit im Abwehrapparat der KPD werden wir beide nichts erfahren«, erklärt mir der Historiker, »das ist ein Tabu-Thema.« Er verhilft mir zu einer Adresse in Stuttgart und rät mir gleichzeitig, mehr Geduld zu haben.

Karl-Heinz Jahnke schreibt im »Neuen Deutschland« den Artikel zum 80. Geburtstag von Lilo. Ein Text, der sich kaum von den Artikeln aus den Vorjahren unterscheidet.

Ich hoffe noch immer, daß mein Artikel »Märchen für das Kind« wenigstens in der »Jungen Welt«, dem Presseorgan der Freien Deutschen Jugend, und dem »Sonntag«, einer von Intellektuellen viel gelesenen Zeitung, gedruckt wird. Doch auch von diesen Redaktionen kommt keine Nachricht.

Ich rufe an. Zu spät, leider zu spät, versichert man mir. Die Redakteurin der »Jungen Welt« kann mir nicht erklären, warum der Artikel so lange brauchte, um auf ihren Schreibtisch zu gelangen. Der Redakteur vom »Sonntag« erwidert meine Anfrage mit einer Entschuldigung. Er habe sich schon viel eher mit mir in Verbindung setzen wollen. Der Artikel sei sehr interessant, aber die Darstellung der Eltern behage ihm nicht so recht. »Das sind zwei Zeilen von sechs Seiten«, sage ich. Das angebotene Ausfallhonorar lehne ich ab.

Wie alle Jahre gibt es auch zum 80. Geburtstag von Lilo die altbekannten Sätze über sie. Ich rufe überall dort an, wo unkorrekte Angaben gedruckt wurden. Man bedankt sich freundlich.

Meine Bemühungen, über die Existenz von Lilos Sohn zu berichten und den Lesern Auszüge von Lilos Briefen aus dem Gefängnis zukommen zu lassen, sind gescheitert.

Ähnliche Erfahrungen macht in den 60er Jahren eine Frau aus Heilbronn. Ihr geht es um die Veröffentlichung der Wahrheit über den Untersuchungsrichter von Lilo. Die Frau aus Heilbronn ist jene Helene, deren Leben durch Lilos Schweigen gerettet wurde.

Aus den Unterlagen von Max Burghardt, die nur seine Frau und ich kennen, erfahre ich von Helenes verzweifelten Versuchen, an den Prozeß gegen Lilo zu erinnern.

7.
Richter und Prozeß

Ein dicker Papierstapel. Das Material für den Prozeß gegen Lilo und die anderen Angeklagten liegt im Frühjahr 1937 vor. Mit Akribie hat Richter Frauenknecht[6]) die Voruntersuchungen für den Hochverratsprozeß geführt. Er ist Untersuchungsrichter in politischen Strafsachen beim Oberlandesgericht in Stuttgart. Frauenknecht selbst fällt keine Todesurteile. Er bereitet sie nur vor.

Fernmündlich ließ er am 3. Juni 1936 mitteilen, daß er die Herrmann zu einer Vernehmung für den ganzen Nachmittag benötige. Seine Verhöre führt er mit Zynismus und Härte. Endlich ist alles Material zusammengetragen. Zufrieden liest er noch einmal die Angaben über die persönlichen Verhältnisse der Angeklagten. »Exakt, äußerst exakt«, stellt Frauenknecht fest. Mit keinem Wort wird dort erwähnt, daß Lilo Mutter eines dreijährigen Kindes ist.

Frauenknecht wird auch den Prozeß gegen Helene Stegmaier und den Prozeß gegen Max Burghardt vorbereiten. Unzählige Prozesse werden folgen.

Nach 46 Dienstjahren wird dieses Tun öffentlich gewürdigt. Ende des Jahres 1964 und Anfang des Jahres 1965 ist in der »Heilbronner Stimme« und in der »Stuttgarter Zeitung« unter der Überschrift »Ein bewährter Richter geht in den Ruhestand« folgendes zu lesen: »Während seiner 46 Jahre dauernden Dienstzeit hat sich der angesehene Jurist als ein Richter bewährt, der ausgezeichnete Rechtskenntnisse mit reicher Lebenserfahrung und warmer Menschlichkeit verbunden hat.«

Den Glückwünschen schließen sich neben dem Oberstaatsanwalt die Vertreter des Richterrates und des Personalrats an. Der Landesgerichtspräsident überreicht feierlich an Frauenknecht eine Dankurkunde des Ministerpräsidenten des Landes Baden-Württemberg, Kiesinger[7]). Der läßt es sich nicht nehmen, Frauenknecht feierlich zu verabschieden.

Helene, die die Einzelhaft im Gefängnis und die Zeit im Konzentrationslager überlebt hat, lebt mit ihrem Mann und ihrem Sohn in Heilbronn. Die Zeitungsmeldungen lassen sie nicht schlafen. Sie schreibt Briefe, bittet um Veröffentlichung. Ein Redakteur der »Stuttgarter Zeitung« antwortet ihr. »Leider kann man nach der langen Zeit von über zwanzig Jahren nicht mehr erwarten, geschweige denn verlangen, daß jeder Redakteur noch die Persönlichkeiten kenne, die sich im Dritten Reich kompromittiert haben.« Und er versichert Helene, daß er selbstverständlich auf eine Meldung verzichtet hätte, wenn er das, was er heute weiß, vor der Veröffentlichung gewußt hätte. Er bittet um Verständnis bei der gnädigen Frau, denn nicht einmal die Behörden, die solche Herren einstellen, wissen genau Bescheid. Ausnahmsweise, beteuert der Redakteur ihr, möchte seine Zeitung auf eine Veröffentlichung des Leserbriefes verzichten, »denn jetzt kann Frauenknecht ja keinen Schaden mehr stiften«, schreibt er an Helene. Auch die Chefredakteurin der »Heilbronner Stimme« möchte doch lieber von einer Veröffentlichung des Leserbriefes absehen.

Helene schreibt an den Landgerichtspräsidenten von Heilbronn. Dort sieht man ihre Angelegenheit als erledigt an. Denn es lassen sich wahrlich keine Anhaltspunkte finden, daß Herr Frauenknecht sich irgendwann einmal einer Verletzung seiner richterlichen Pflichten schuldig gemacht hätte. Helene schreibt weiter. Ihr nächster Brief geht an den Ministerpräsidenten. »Wußten Sie, daß der Landgerichtsdirektor Frauenknecht auch die Strafsache Liselotte Herrmann bearbeitet hat?« fragt sie Kiesinger. Helene ahnt, daß Kiesinger als ehemaliger Abteilungsleiter im Reichsaußenministerium davon Kenntnis hat. Sie weiß, daß Kiesinger als jetziger Ministerpräsident die Präambel des Bundesentschädigungsgesetzes von 1956 kennt. Alle, denen sie geschrieben hat, wissen, daß dort steht: »... der aus Überzeugung oder um des Glaubens oder des Gewissens willen gegen die nationalsozialistische Gewaltherrschaft geleistete Widerstand war ein Verdienst um das Wohl des deutschen Volkes und Staates.«

Am 8. Oktober 1970 stirbt Helene. Sie ist 57 Jahre alt. Ein Antwortschreiben von Kiesinger hat Helene niemals erhalten. Die Möglichkeit, an einen ungerechten Prozeß zu erinnern, gab es für sie nicht. Einen Prozeß, dessen Urteil Lilo wohl erahnte.

»Am 8. Juni ist eine Sonnenfinsternis. Das sieht nicht wie ein gutes Zeichen aus«, schreibt Lilo im Mai 1937 an ihre Eltern. In einem Sitzungsstenogramm des Volksgerichtshofes wird über diesen Tag und die darauffolgenden vier Tage berichtet. Schon am 8. Juni ist in der öffentlichen Sitzung des 2. Senats die Öffentlichkeit wegen Gefährdung der Staatssicherheit ausgeschlossen. Die Anwesenheit ist nur den Angehörigen der Gerichtsbehörden, den Vertretern der Partei, soweit sie Amtswalterstellungen innehaben, und den Angehörigen der polizeilichen Behörden gestattet. Alle anderen müssen den Gerichtssaal räumen. Den Verbleibenden wird Redeverbot über den Prozeß auferlegt. Auf die Strafbarkeit bei einer Zuwiderhandlung wird hingewiesen.

Die Angeklagten Lovasz, Grözinger, Steidle, Herrmann und Göritz werden vorgeführt. Im Namen des deutschen Volkes verhandeln:

- Senatspräsident Karl Engert[8]) als vorsitzender Richter
- Landgerichtsrat Dr. Zieger
- SA-Brigadeführer Hauer als ehrenamtlicher Richter
- SA-Sturmbannführer Heinlein
- SS-Obersturmbannführer Wittmer
- Staatsanwalt Dr. Kaven als Urkundsbeamter der Geschäftsstelle
- Justizinspektor Steinhauser

Sie legen den Angeklagten die illegale Betätigung für die KPD und den Verrat militärischer Geheimnisse an das Ausland zur Last.

Ein Gutachten des Reichskriegsministers wird verlesen: »Aus der beiliegenden Lichtpause ist ohne mündliche Erläuterung nicht ohne weiteres zu entnehmen, daß es sich um den Plan eines geheimzuhaltenden Rüstungsbetriebes handelt.«

Die Herren Richter machen nachdenkliche Gesichter. Im Sinne des § 88 des Strafgesetzbuches wird der Plan erst dann zum Staatsgeheimnis, wenn eine nähere Bezeichnung auftritt, wo sich die Anlage befindet. Auf der Verkleinerung des Lageplans steht nicht »Munitionsfabrik, Scheuen bei Celle in Hannover«, wohl aber befindet sich auf dem Plan der Vermerk »Hamburg, den 5. Mai 1934«.

Nun ja, ein vollendeter Verrat kann nicht so direkt nachgewiesen werden, aber nachweisbar hat die Angeklagte Herrmann zwei Instrukteuren aus der Schweiz angegeben, daß sie den Plan besitzt. »Und damit«, stellt der Senat fest, »hat die Angeklagte alles getan, was überhaupt in ihrer Macht stand, um eine Verratshandlung zu begehen. Die Tat ist keine Vorbereitungshandlung mehr, sondern reicht weit in das Stadium des strafbaren Versuchs.«

Endlich läßt sich der § 89 zitieren, der ausschließlich die Todesstrafe androht. Außerdem ist nachgewiesen, daß die Herrmann Informationen über Flugzeugtypen nach Zürich gegeben hat. Lilos Verteidiger wirft ein, daß hier keine wesentlichen militärischen Geheimnisse verraten wurden. Doch man erklärt ihm, daß es nicht entscheidend ist, ob es sich um Informationen über Flugzeuge militärischer oder ziviler Art handelt, denn ein kommender Krieg, so sagt der Senat 1937, wird ein »totaler Krieg« sein, in dem alle irgendwie verwendbaren Kräfte der Nation eingesetzt werden.

Wie offen sie ihre Ziele nennen, denkt Lilo. Aber sie sind ja unter sich. Das Volk ist ausgeschlossen. Wer wird es schon erfahren, daß sie im Prozeß Mauch anklagt. »Aussagen wurden erpreßt«, sagt Lilo.

Der Senat ist vom Leugnen der Angeklagten überzeugt und formuliert: »Ihre Einlassung, sie sei damals so erschöpft gewesen, daß sie der Vernehmung nicht mehr habe folgen können und nicht gewußt habe, in welcher Art ihre Aussagen im Protokoll aufgenommen seien, wird durch die glaubhafte Aussage des vernehmenden Kriminalkommissars Mauch sowie dadurch widerlegt, daß die Herrmann dieses Protokoll nicht nur durchgelesen und unterschrieben hat, sondern selbst handschriftliche Veränderungen in dem Protokoll vorgenommen hat, soweit sie eine Richtigkeit für erforderlich gehalten hat.«

So sehen die Richter das. Die Reichsgesetzgebung, in der es heißt, daß die Freiheit der Willensentschließung nicht durch Ermüdung beeinträchtigt werden darf, besitzt in diesem Gerichtssaal keine Gültigkeit. Überhaupt empfindet der Senat, daß die Herrmann sich provozierend gibt. Jeder Blick von ihr, jeder kurze Satz und jede Geste demonstrieren, daß sie unbelehrbar ist.

Gern würde man der Herrmann den vollendeten Tatbestand des Landesverrats nachweisen, aber wozu denn? Schließlich hat man ja Strafvorschriften, in denen Vollendung und Versuch gleichgestellt sind.

Wer »sich im Besitz eines Staatsgeheimnisses auf den Weg machte, um dieses seinen ausländischen oder für das Ausland tätigen Partnern zu überbringen«, hat eine Verratshandlung versucht. Mildernde Umstände, daß man diesen Versuch als untauglichen Versuch ansieht, gibt es für Lilo nicht. Das Gericht ist der Auffassung, daß ihre Aktivitäten, wie die Entgegennahme des Plans, die Verkleinerung, die Anfertigung der Lichtpause, die Aufbewahrung und die Mitteilung darüber, geeignet waren, eine Vollendung des Landesverrats herbeizuführen.

Außerdem ist man der Meinung, daß ihre politische Tätigkeit dem Zweck diente, Voraussetzungen für einen gewaltsamen Umsturz des Reiches zu schaffen. Lilo hat verraten, daß Deutschland wieder aufrüstet.

Natürlich wissen die Herren Richter, daß die Aufrüstung gegen alle Verträge und Gesetze verstößt. Was die Nationalsozialisten tun, ist nach dem Reichsgesetz Hochverrat. Doch die Herren in den Roben sehen das ganz anders. Sie haben Zeugen aus dem Reichskriegsministerium vernommen. Ein Ministerium, das nach den geltenden Gesetzen nicht existieren durfte. Aber die Richter hier sind mit besonderen Verhaltensregeln ausgestattet.

»Nach alter germanischer Rechtsauffassung war immer der Führer des Volkes sein oberster Richter. Wenn also der Führer einen anderen mit dem Amt eines Richters belehnt, so bedeutet das, daß dieser nicht nur seine richterliche Gewalt vom Führer ableitet und ihm verantwortlich ist, sondern auch, daß Führertum und Richtertum wesensverwandt sind«, erklärt der Reichsminister der Justiz.

In diesem Sinne werden am 12. Juni 1937 die Urteile gegen Lovasz, Steidle, Göritz, Herrmann und Grözinger gesprochen. Im Namen des Deutschen Volkes wird Liselotte Herrmann wegen Landesverrat sowie Vorbereitung zum Hochverrat zum Tode verurteilt. Die bürgerlichen Ehrenrechte werden ihr auf Lebenszeit aberkannt.

Der Senatspräsident erläutert eingehend die Schwere der Verbrechen gegen die Volksgemeinschaft und die Sicherheit des Staates. Er betont, daß die harten Urteile erfolgen müssen, um allen verbrecherischen Elementen dies- und jenseits der Grenze, besonders in den Emigrantenzentralen, zu zeigen, daß der nationalsozialistische Staat bei derartigen Verbrechen keinerlei Gnade walten läßt.

Bis in ihre Zelle hinein verfolgen Lilo die Worte »bei derartigen Verbrechen«. Was hatten sie und die anderen denn getan? Sie wollten einen nächsten Krieg verhindern. »Das ist ein Verbrechen gegen das Volk«, hatte der Volksgerichtshof gesagt. Darauf steht Todesstrafe. Lilo spricht das Wort aus, als wäre nicht sie damit gemeint. Todesstrafe! Wie oft hatte sie dieses Wort aus dem

Munde von Mauch gehört. Sie hatte es geahnt. Doch nun ist es beschlossen. Das ist etwas ganz anderes. Jetzt kriecht der Tod nicht mehr den Rücken entlang. Er steht vor ihr. Alle Hoffnung auf Leben ist zerschlagen, zertreten. »Todesstrafe«, sagt Lilo. Sie spürt den Druck ihrer Hände am Hals. Das mußt du jetzt begreifen, denkt Lilo, nicht mehr sein, aus und vorbei, für immer.

Walter lächelt. Das Kindergesicht auf dem Foto verändert sich nicht. Langsam nimmt Lilo das Bild vom Bett und hält es dicht vor ihr Gesicht. »Mama ist nicht mehr da«, flüstert Lilo ihrem Kind zu, »hörst du, sie kommt nicht, und wenn du noch so laut nach ihr schreist. Mama ist tot.«

Mit weit aufgerissenen Augen sitzt Lilo in der Zelle. Immer wieder »Der Tod und die Frau« überall an der schmutziggrauen Kalkwand, auf der Milchglasscheibe, hinter ihren Augenlidern. Jahre ist es her, daß Lilo diese Radierung von Käthe Kollwitz sah. Der Knochenmann klammert sich an den Leib der Mutter. Er schlingt den Arm um sie, kettet sie mit seinem Bein an sich. Flehend legt das Kind die Hände auf die Brust der Mutter, streckt die Arme hilfesuchend empor. Mit aller Kraft bäumt sich die Mutter auf. Der Tod reißt ihr den Kopf in den Nacken.

Aber wer will schon die Bilder einer Kollwitz sehen? Wer schaut auf das Elend, wenn er großen Zeiten entgegenblickt? Die Blickrichtung weist der Führer. Er führt auf Schritt und Tritt. Er nimmt den Menschen alles ab, auch das Denken. Sie hatten ihm ihre Herzen und ihre Stimmen geschenkt. Nun spricht der Führer im Namen des deutschen Volkes. Und er gibt seinem Volk ein neues Gewissen, das er Volksgerichtshof nennt. »... ihm steht zu, alle Untat, die aus Untreue und Verrat erwachsen ist, zu sühnen. ... Aus der Härte seiner Urteile soll die Unbedingtheit unserer Forderung nach Ausmerzung aller negativen Kräfte erkennbar sein.«

Wenn die Menschen das begreifen, hat Lilo von ihnen nichts mehr zu erwarten.

Wie leicht ist ein Mensch verurteilt durch die Worte anderer. Wie schnell ist gesagt, daß sie eine Spionin war. Das erklärt so manches und verschweigt so vieles. Vergessen ist damit auch, daß sie den Krieg voraussah und ihn um jeden Preis verhindern wollte.

Sie kannte den Krieg nur aus Büchern, von Fotos und aus den Bildern der Käthe Kollwitz. Immer wieder fragte die Malerin nach dem Sinn. »... das Rasen gegeneinander, die Verarmung Europas am Allerschönsten ..., gibt es noch irgend etwas, was das rechtfertigt?«

8.
Freunde

Nach dem Abitur sagt Lilo dem Vater: »Ich möchte Malerin werden, so eine wie die Kollwitz.« Lilo bemerkt, wie das Gesicht des Vaters sich verfinstert. Sie hat ein Thema berührt, das sie nicht mit dem Vater besprechen kann. Er ist voller Ekel und Abscheu aus dem Ersten Weltkrieg zurückgekehrt. Als er an die Front ging, kam Lilo zur Schule. Als er zurückkehrt, feiert sie ihren achten Geburtstag. Niemals redet er mit Lilo über diesen Krieg. Er streicht ihn aus seinem Gedächtnis. Mit intensiver Arbeit versucht er alle schrecklichen Erlebnisse auszulöschen. Niemals und mit niemandem will er darüber reden. Schon gar nicht soll dieser Verdrängungsmechanismus durch Bilder, wie sie eine Käthe Kollwitz malt, außer Kraft gesetzt werden.

»Du wirst an die Technische Hochschule in Stuttgart gehen«, ordnet Lilos Vater an, »du wirst Chemie studieren.« Auf seine Veranlassung hin arbeitet Lilo vor dem Studium ein halbes Jahr als Laborantin bei der Firma von Dr. Arthur Eichengrün in Berlin. 1929 läßt sie sich als Studentin der Technischen Hochschule Stuttgart einschreiben. Ihr Vater ist zufrieden. Der Lebensweg seiner Tochter scheint gesichert zu sein.

Doch er weiß nicht, daß Lilo die Bilder der Käthe Kollwitz tief in sich trägt. Was sind das nur für Bilder, die seine Tochter da malt? Massengräber, hinter denen blutigrot die Sonne untergeht. Bilder, unter die Lilo schreibt: »Krieg dem Kriege – unsterbliche Opfer. Ihr sanket dahin – nie wieder Krieg – von der blutbefleckten Erde hat ein Schrei sich losgerungen.« Warum zeichnet ein junges Mädchen so schreckliche Dinge? fragt sich Richard Herrmann. Statt der Zeichnungen zu Märchenbüchern und statt der zarten Aquarelle nun solche Bilder.

Hat der Sozialistische Schülerbund das Mädchen so verändert? Richard Herrmann weiß, daß seine Tochter hier zum ersten Mal Genaueres über den Marxismus hört. Der Kommunismus wird zu einer erstrebenswerten Gesellschaftsordnung für sie. »Das größte Glück der größten Menge«, sagt Lilo später. Die Träume vom fernen Glück bestimmen von nun ab ihr Leben. Lilo sucht nach Freunden, die ähnlich denken und fühlen. Sie geht ihren eigenen Weg und läßt sich nicht mehr aufhalten.

Im Winter 1929 fährt Lilo als Mitglied des Sozialistischen Schülerbundes in die Jugendherberge Chorin. Dort trifft sie Diethelm Scheer. Er hat vor einem Jahr sein Abitur gemacht. »Du hast es hinter dir«, sagt Lilo. »War alles halb so schlimm«, antwortet Diethelm und legt den Arm um ihre Schultern. Sie sitzen viele Stunden zusammen. Noch abends im Bett sieht er das runde Mädchengesicht, die fragenden Augen vor sich. Sie ist keine, die gleich große Töne spuckt, wenn sie nur eine Winzigkeit begriffen hat. Diethelm Scheer ist alles Bürgerliche verhaßt. Obwohl sein Vater Schreiber in einer Versicherungsanstalt ist, unterscheidet sich seine Lebenserfahrung nicht wesentlich von der junger Arbeiter. Er mag aufgeschlossene, bescheidene Menschen wie Lilo. Ihren Haarschnitt mag er auch. Frech sieht sie aus, denkt Diethelm, aber genau das Gegenteil ist dieses Mädchen. Was wohl einmal aus ihr wird? Vielleicht das, was aus so vielen jungen Mädchen des

Sozialistischen Schülerbundes wird: Mütter, Hausfrauen, die manchmal noch mitdenken, aber sich das Mitreden abgewöhnt haben.

Ostern 1929 macht Lilo ihr Abitur an der Viktoria-Luisen-Schule in Berlin-Wilmersdorf.

Sechzig Jahre später hoffe ich, daß wenigstens eins der Mädchen aus Lilos Klasse nicht geheiratet hat, nicht aus Berlin verzogen ist und noch lebt. Dann könnte man bei einer Suche im Telefonbuch Erfolg haben, und schließlich ist es auch so. Alle drei Wünsche erfüllt mir Charlotte, Lilos ehemalige Mitschülerin. Sie kann sich bei unserem Gespräch im Frühjahr 1990 noch genau an jeden einzelnen aus der Klasse erinnern, an das Aussehen, an Redensarten und an die Besonderheiten der Lehrer. Sie weiß, bei welchem Schulausflug sie versteckt vor den Augen der Lehrer rauchten. Alle haben es damals probiert. Lilo war die einzige Brillenträgerin in der Klasse und wirkte reifer als andere in ihrem Alter.

Charlotte wundert sich, wie ich an sie und die uralten Abiturarbeiten herangekommen bin. Ich erzähle ihr von meinem Irrtum und von der Hilfe eines Professors aus Stuttgart.

In der DDR war bisher zu lesen, daß Lilo ihren Abituraufsatz über den Marxismus geschrieben hat. So hatte es ihr Vater in einem Brief vom 22. November 1946 an die Vereinigung der Verfolgten des Naziregimes geschrieben. Auch ich übernehme ohne eine Überprüfung diese Behauptung. Sie steht in meinem Manuskript, das ich an Prof. Jäckel nach Stuttgart geschickt habe. Ungefähr zur gleichen Zeit recherchiert eine Mitarbeiterin des Bezirksamtes Steglitz in Westberlin über Lilo. Die Mitarbeiterin findet in einem Pädagogischen Zentrum den Abituraufsatz und schickt ihn Prof. Jäckel, und der klärt mich sogleich über meinen Irrtum auf. Inzwischen kenne ich die Mitarbeiterin aus dem Bezirksamt. Gemeinsam stöbern wir noch mehr Unterlagen auf. Wie durch ein Wunder sind gerade die Dokumente, die Lilo betreffen, nicht wie andere Akten aus dieser Schule durch einen Bombenangriff verbrannt. Ähnlich wie im Parteiarchiv in Ostberlin ist auch im Archiv des Pädagogischen Zentrums das Kopieren bestimmter Archivalien untersagt. »Doch manchmal ist manches möglich«, erzähle ich Charlotte. Zum Abschied schenkt sie mir das alte Klassenfoto.

Zwölf Mädchen sind noch in der Klasse OI/2. Unterrichtet werden sie in den Fächern Deutsch, Französisch, Englisch, Latein, Geschichte, Erdkunde, Mathematik, Physik, Biologie, Chemie, Zeichnen, Nadelarbeit und Leibesübungen. Die Handschrift der Mädchen, ihre Führung und Aufmerksamkeit werden ebenfalls bewertet. Die Note 1 scheint hier kaum vergeben zu werden. Aber Lilo und noch eine Schülerin erreichen sie in der Abiturarbeit im Fach Mathematik. Im Deutschaufsatz wird Lilo, wie fast allen anderen Schülerinnen, die Note genügend bescheinigt. Lilo kann wählen, ob sie über Kino und Rundfunk als Volksbildungsmittel schreibt, über Deutschland als Wirtschaftseinheit, über Gehalt und Gestalt einer Ballade von Conrad Ferdinand Meyer[9]) oder über eine von Friedrich Hebbel[10]) erhobene Forderung.

Über ihrem Abituraufsatz steht: »Wie erfüllt Hebbel seine Forderung, der Dichter historischer Dramen müßte die Atmosphäre der Zeiten zur Anschauung bringen, in ›Agnes Bernauer‹ und ›Herodes und Mariamne‹?« Von den Kämpfen um neue Ideen schreibt Lilo. Hebbel läßt sie eine Zeit ahnen, »in der die Menschen als Menschen gewertet werden, in der es keine Standesunterschiede mehr geben soll.« Von Mariamne berichtet Lilo, die für sie die Trägerin einer neuen Idee ist. »Das Hauptproblem ist der Kampf um die Anerkennung und Achtung des Menschen und im besonderen der Frau und ihrer Erhebung vom Ding zum Menschen.« – »Beziehung unklar!« notiert die Lehrerin am Rand. Unter den Aufsatz schreibt sie, daß an einigen Stellen der Ausdruck nicht treffend gewählt ist, oder ist ihr Lilos Ausdruck fremd? Machtpolitische Interessen, weit entwickeltes Judenvolk, Herabwürdigung des Menschen – das sind doch alles Formulierungen, die Lilo im Unterricht wohl kaum gehört hat. Wie ein inniger Wunsch klingt der letzte Satz von Lilo: »Der Beginn des Christentums wird zuletzt durch die drei Weisen aus dem Morgenlande angedeutet und läßt uns eine Zeit ahnen, in der die Ideen, für die Mariamne geopfert worden ist, vielleicht verwirklicht werden können.«

Noch ahnt Lilo nicht, daß sie den gleichen Weg gehen muß wie Mariamne. Das Abitur ist bestanden. Lilo umarmt Grete Jacoby, die Schulfreundin, eine der drei Jüdinnen aus der Klasse OI/2. Auf dem Abiturientenball verliest man aus der Festzeitung: »Die Lilo ist ehrlich und treu, sagt jedem die Wahrheit, wer es auch sei.« Alle Mädchen wollen studieren. Viele, so wie auch Lilo, werden sich für ein Studium der Naturwissenschaften bewerben.

Fast ein Jahr nach dem Abitur, am 25. Februar 1930, bekommt Lilo Post von Grete Jacoby. Die ehemalige Schulfreundin berichtet, daß sie sich zur Zeit sehr intensiv mit den Grundlagen des Marxismus beschäftigt. »Nur eins scheint mir psychologisch unmöglich«, schreibt sie, »im Augenblick des Eintritts alles andere

Außenstehende aufs heftigste zu bekämpfen. ... Aber der Fanatismus und die teilweise Geistlosigkeit, mit der die KP heute z.T. kämpft, erscheint mir 1.) als Schwächeerscheinung zur Erstickung doch vorhandener Dinge dienend und 2.) als ungeeignet zur Gewinnung gewisser breiter Massen.« Grete Jacoby ist unsicher. Sie selbst kennt keine besseren Methoden, glaubt aber fest, daß es sie geben muß. Was Lilo ihr auf diesen Brief geantwortet hat, ist mir nicht bekannt. Ob auch sie sich darüber empörte, daß von der eigenen Partei die faschistische Gefahr unterschätzt wurde, aber sozialdemokratisch denkende Menschen als Feinde zu sehen waren, weiß ich nicht.

Im Herbst 1929 trägt Lilo sich an der Technischen Hochschule Stuttgart ein. Von den Vorlesungen und Seminaren spricht sie zu Hause kaum. Der Vater hofft auf die Macht der Gewohnheit. Aber schon nach einem halben Jahr bittet Lilo darum, die Studienrichtung wechseln zu dürfen. Nach vier durchgestandenen Semestern Chemie äußert Lilo immer heftiger den Wunsch, an die Friedrich-Wilhelm-Universität in Berlin zu gehen. Schade, denkt Richard Herrmann, schade, daß das Mädchen nicht in meine Fußstapfen treten will. Aber vielleicht ist diese technische Richtung wirklich nichts für sie.

Meine Güte, dann soll sie doch Biologie studieren, wenn sie unbedingt will. Und wenn er es recht bedenkt, dann ist der Beruf einer Biologin doch auch attraktiv und nach seiner Meinung frei von politischen Beeinflussungen. Beruhigt läßt er Lilo nach Berlin gehen. Auch für eine Studentenbude in der Rheinsberger Straße ist gesorgt. Das Haus, in dem Lilo wohnt, gehört Richard Herrmann. Am 16.11.1931 trägt Lilo sich unter der Studiennummer 3006 im Rektoratsjahr 122 an der philosophischen Fakultät für den Bereich der Naturwissenschaften als Studentin der Friedrich-Wilhelm-Universität zu Berlin ein.

Diethelm Scheer traut seinen Augen nicht. Ist dieses junge Mädchen mit den kurzen Haaren und der runden Brille, das mit ihm eine Vorlesung in Zoologie hört, nicht die Lilo aus Stuttgart? Bald schon besucht er sie in ihrer Wohnung in der Rheinsberger Straße. Tatsächlich hat sie einen Axolotl. Wie ist sie nur an diesen seltenen mexikanischen Molch gekommen? Lilo zeigt Großaufnahmen von ihren Ameisen. »Mit uralter Kamera und überlangem Auszug geschossen«, sagt sie und lächelt.

Nächtelang sitzen die beiden zusammen und reden. Wie Diethelm ist auch Lilo Mitglied des Kommunistischen Jugendverbandes und der Roten Studentengruppen. Die Roten Studenten treffen sich in den Vereinsstuben von Kaffeehäusern. Sie meiden die Gaststätten, in denen eine Tasse Kaffee mehr als 25 Pfennige kostet und sie das Hinterzimmer nur dann betreten dürfen, wenn der Wirt sich einen gewinnträchtigen Abend verspricht. Viele Themen werden angesprochen, und Lilo ist immer dabei. Es geht um soziale Forderungen der Studenten, um philosophische und politische Fragestellungen. Artikel der Zeitung »Der Rote Student« werden diskutiert.

Gemeinsam besuchen sie Kurse der Marxistischen Arbeiterschule. Einmal bittet Lilo Diethelm, mit ihr einen Vortrag dieser Arbeiterschule über die Rassentheorien der Nazis anzuhören. Immer wütender sitzt sie neben ihm. Nach der Vorlesung muß sie ihrem Ärger Luft machen. »Alles oberflächlich«, sagt Lilo, »alles sachlich und politisch fehlerhaft.« Sie geht nach vorn und versucht mit dem Referenten zu reden. »Das ist niveauloses Geschwätz«, sagt Lilo, »so wird niemand zur Diskussion mit den Nazis befähigt.« Der Referent läßt Lilo stehen. Er hört sich ihre Worte nicht einmal zu Ende an. Lilo sucht mit Diethelm den Leiter der Marxistischen Arbeiterschule auf. »Und nun?« sagt Dr. Schmidt, nachdem sich Lilo ihren ganzen Ärger von der Seele geredet hat. »Sollen wir etwa die Vortragsreihe abbrechen?« Nein, Lilo hat schon eine andere Idee.

Gemeinsam mit Diethelm spricht sie alle Roten Studenten der Fachrichtung Biologie an. Alle, die etwas ändern wollen für die Vortragsreihe und konkrete Vorschläge machen können, sollen sich mit ihnen an einen Tisch setzen. Sieben Studenten treffen sich zum angesetzten Termin in einem Wochenendhaus in Schwante bei Kremmen. Tagelang diskutieren sie. Unter Punkt 4 ihrer Thesen zu den Rassentheorien formulieren sie: »Die meisten Rassenhygieniker – auch die Sozialdemokraten – setzen ›minderwertig‹ und ›minderbemittelt‹ faktisch gleich, da sie annehmen, die Auswirkung des Erbguts erfahre durch die Umwelt keinerlei wesentliche Einschränkung. Erblich ›Minderwertige‹ verdienten also keine Förderung durch soziale Hygiene. Dagegen müßten die ›Hochwertigen‹, d. h. Hochgestellten, deren Fortpflanzung erfahrungsgemäß gering sei, stärkste Begünstigung erfahren.«

Gemeinsam beschließen die sieben Studenten, daß der Älteste von ihnen diese Vortragsreihe halten soll. Der neue Referent heißt Diethelm Scheer. Lilo besucht im Frühjahr 1932 alle seine Vorträge. Sie nickt ihm zu. Und sie kritisiert, wenn sie meint, daß er nicht überzeugend war.

An vielen Abenden sprechen Lilo und Diethelm über ihre Vorstellungen vom Leben nach dem Studium. Sie reden über Scholochows Buch »Neuland unterm Pflug«.

Manchmal legt Diethelm die Hand auf ihre Schulter, so wie damals, als er ihr vom Abitur erzählte. »Ich glaube«, sagt Diethelm, »daß du mir bald in allem über den Kopf wächst.« Lilo lächelt, und Diethelm hat dieses Lächeln sehr gern. Und er sieht es oft, als er mit Lilo an den Kremmener See fährt.

Es ist eine Lehrwanderung für interessierte Hörer der Marxistischen Arbeiterschule Pfingsten 1932. Man ist mit Zelten und Paddelbooten unterwegs. Ganz dicht bei Lilo sitzt Diethelm, als sie das Laichen der Weißfische beobachten. Wie schön Lilo lächelt, als sie im weiten Luch den Schrei der Birkhähne hören. Behutsam legt er seine Hand auf ihre Schulter, aber Lilo scheint es nicht zu bemerken. Sie lächelt nur still vor sich hin. So eine Frau wie die Lilo wünscht sich Diethelm sehr. Und eines Abends sagt er es ihr. Aber er wird nie ihr Mann sein. Diethelm Scheer ist ihr Freund. »Nicht mehr und nicht weniger«, sagt Lilo.

Nach Lilos Relegation am 11. 7. 1933 von der Universität arbeiten sie noch eng zusammen. Sie sehen sich auf einem einwöchigen Kurs der KPD in Prenden bei Bernau. Dieser Lehrgang wird von Walter Ehlen geleitet. Nur die zuverlässigsten Genossen können daran teilnehmen. Alle tragen Decknamen. Auch Diethelm darf Lilo hier nur Grete nennen. Zum ersten Mal hört er etwas von der Militärpolitik der KPD. Er lehnt schon das Wort ab, so wie er den Krieg und alle Militarisierung ablehnt. Lilo läßt seine Argumente nicht gelten. »Diese Strategie ist notwendig«, sagt sie schroff. Diethelm würde gern mit ihr am Abend darüber streiten, aber sie kommt nicht in sein Zimmer. Wie gern würde er mit ihr reden. Mit ihr macht sogar das Streiten Spaß. Aber sie wird wohl im Zimmer bei Walter Ehlen sein. Ihn sieht Lilo so an, daß es Diethelm schmerzt.

Erst nach Monaten kommt Diethelm wieder in Lilos Wohnung. Gerade als er gehen will, sagt Lilo wie ganz nebenbei: »Ich bekomme ein Kind.« Diethelm setzt sich noch einmal. »Jetzt in dieser unsicheren Zeit?« sagt er. »Ich will das Kind«, antwortet Lilo. »Ich hatte einmal eine Bauchhöhlenschwangerschaft, wer weiß, ob ich dieses Kind bekommen kann, aber ich möchte es wirklich sehr.« Diethelm würde Lilo gern in die Arme nehmen und ihr wünschen, daß sie diesmal ihr Kind bekommt und daß es ein gesundes Baby ist, aber er sagt nur: »Du wirst es schaffen.« – »Ja«, antwortet Lilo, »vielleicht hilft mir dieses Kind auch, mich von meinen Eltern endgültig abzunabeln. Wir müssen unabhängig werden auch vom Elternhaus.« Diethelm nickt. Es gibt so viele gleiche Gedanken. Warum kann sie nur nicht so für ihn empfinden wie er für sie?

Als Lilo ihm aus der privaten Klinik von Dr. Hirsch schreibt, besucht Diethelm sie. Das Baby ist gesund. Diethelm überreicht seine Blumen. »Wie heißt dein Kind?« fragt er sie. »Walter«, antwortet Lilo und lächelt. Die Frage nach dem Vater des Kindes stellt Diethelm nicht. Niemand erfährt den Namen des Vaters – kein Standesbeamter, kein Genosse, kein Polizist, nicht der ehrgeizige Mauch und später nicht einmal Walter Herrmann. Lilo macht nicht den Eindruck, daß der Vater ihres Kindes sie verlassen hat. Sie wirkt eher so, als gäbe es einleuchtende Gründe, daß dieser Mann nicht mehr in ihrer Nähe gesehen werden darf. Zärtlich streichelt sie den kleinen Walter.

Diethelm sieht Lilo noch einige Male in Reinickendorf. In der dortigen Wohnung erfährt Diethelm, daß Genossen Lilo helfen, weiter illegal zu arbeiten. Doch Lilo erscheint ihm weitsichtiger als früher.

Über eine Postkarte erfährt er von Lilos Umzug mit

dem Kind nach Stuttgart. Im Sommer 1935 schließt Diethelm sich einer Gruppe Freisozialistischer Studenten an. Deren Radwanderung von Bamberg bis zum Bodensee interessiert ihn sehr, denn eine der Stationen ist Stuttgart. Er schreibt an Lilo. »Ich freue mich, daß wir uns wiedersehen.« Sie schlendern durch die Weinberge. Es ist ihr allerletztes Treffen.

Kurz danach, im September, wird Diethelm verhaftet. Nach vielen Jahren im Zuchthaus liest er in einer eingeschmuggelten Zeitung, was inzwischen mit Lilo geschehen ist. Nächtelang kann er nicht schlafen. Die Gestapo fand in seinem Arbeitsraum ein Bild von Lilo. Der Untersuchungsrichter hatte nach dem Namen der Frau gefragt, und Diethelm Scheer hatte ihn genannt.

Im Juni 1988 erzählt mir Diethelm Scheer, daß es für ihn eine Erlösung von Alpträumen war, als er erfuhr, daß Lilo nicht durch seine Aussage verhaftet wurde. Erst nach all den Jahren im Zuchthaus und im Konzentrationslager weiß er, daß Lilo viele Monate, bevor er ihren Namen dem Untersuchungsrichter sagte, verhaftet wurde. Wie sehr er Lilo mochte, als politische Freundin und als Frau, verraten alle seine Worte über sie.

Wenn nicht das »Neue Deutschland«, das Zentralorgan der SED, eine kurze Notiz von Diethelm Scheer über Liselotte Herrmann anläßlich ihres 50. Todestages gebracht hätte, würde ich ihn noch heute nicht kennen. Noch am Tag der Veröffentlichung des Artikels rufe ich bei der Zeitung an. »Ich bitte Sie, wir geben doch keine Adressen weiter«, sagt mir ein Redakteur. In meiner Verzweiflung stelle ich mich als alte Schulfreundin von Herrn Scheer vor und erzähle mit zitternder Stimme, daß ich nicht mehr so gut zu Fuß bin. »Aber mein Sohn«, sage ich, »mein Sohn würde mich mit dem Auto hinbringen, wenn Sie mir die Adresse geben.« Ein paar Tage später fahre ich mit dem Zug zu Diethelm Scheer.

Die Stunden, die ich in seinem Haus verbringe, reichen nicht aus, um alle meine Fragen beantwortet zu bekommen. Per Einschreiben schickt mir Diethelm Scheer einen ausführlichen Bericht über sein Leben und seine Arbeit. Aber diesen Brief erhalte ich nie. Auch seine Nachforschungen bei der Deutschen Post bleiben ohne Ergebnis.

»Wie kommen Sie mit Ihren Forschungen in Sachen Liselotte Herrmann voran?« fragt mich der Rektor der Hochschule. Ich erzähle von dem Verschwinden des Briefes. Kurze Zeit später liegt auf meinem Schreibtisch an der Hochschule eine Mitteilung. »Bitte bei der Kaderabteilung melden.« Jeder im Hause, der nicht kündigen will oder eine Arbeitsveränderung ins Auge gefaßt hat, ahnt, was so eine Einladung bedeutet. Ich bin ein wenig neugierig auf den, der sich für die Sicherheit in diesem Bereich kompetent fühlt.

Aber ich erfahre nur, daß er in Urlaub ist. Ich möchte unbedingt in vierzehn Tagen kommen. Doch ich melde mich nicht, und auch ich werde nicht mehr angesprochen. Aber ich habe Angst, daß jemand von der Staatssicherheit zu mir kommt. Sie wissen, daß ich nicht mit ihnen zusammenarbeiten werde.

Schon vor vier Jahren habe ich das einem ihrer Mitarbeiter gesagt. Der Vertrag für eine Arbeit als Informant lag lange Zeit vor mir, und der Mann versicherte mir mehrmals, daß über diese gutbezahlte Tätigkeit niemals jemand auch nur ein Wort erfahren würde. Hatte er wirklich erwartet, daß ich nach den Abenden, an denen ich mich mit Schreibenden treffe, an den Ängsten und Nöten anderer verdienen will? Niemals würde ich die Namen derer nennen, die Probleme offen ansprechen, die auch meine Sorgen sind. »Für so eine Tätigkeit bin ich nicht geeignet«, erklärte ich dem Mann. Ich sagte es wie eine Entschuldigung, weil ich mich vor der Macht dieser Institution fürchtete. Aber ich sagte es vernehmbar, weil meine Angst, das eigene Gesicht zu verlieren, noch viel größer war. Man weiß dort also, daß man mit mir nicht rechnen kann. Was soll die erneute Einladung? Zum Verschwinden des Briefes von Diethelm Scheer bekäme ich gewiß keine Antwort. Oder wollen sich die Herren nur in Erinnerung bringen?

Auch Diethelm Scheer ist verunsichert. Alle Post von ihm geht jetzt als Wertbrief bei mir ein. Einmal frage ich ihn, vor wem wir geschützt werden müssen, doch er antwortet mir darauf nicht.

Immer wieder spüre ich bei meinen Gesprächen mit ehemaligen Widerstandskämpfern aus der DDR, daß sie mir zu vielen Themen nicht antworten. Wollen sie es nicht, können sie es nicht oder ist es die früh gelernte Disziplin, die sie nicht ablegen können? Das Wort Verrat ist ein Schreckgespenst für sie. Verrat soll es in den eigenen Reihen nicht gegeben haben. Verräter waren für sie immer bewußte Handlanger der Faschisten. Verständnis für menschliches Versagen, für Angst und für Feigheit sprechen sie vor mir nur zögernd aus. Zum Leid der Menschen unter Stalin und seinen Repressalien in der Sowjetunion schweigen alle, mit denen ich in der DDR spreche. Daß ich überhaupt danach frage, erschreckt einige zutiefst. In diesem Land gibt es darüber nichts zu lesen. »Woher haben Sie denn Ihre Informationen?« wird mir vorgeworfen. Andere versuchen das Geschehene zu rechtfertigen. »In Zeiten eines großen Umbruchs wird es immer Ungerechtigkeiten geben.« Zu Einzelheiten äußert sich niemand. Ich bedränge alle. Wie war es damals in der Sowjetunion wirklich? Wer soll es mir denn sagen, wenn nicht sie? Die Genossen schweigen mit katholischer Verbissenheit, als hätten sie bereits die Beichte abgelegt. Sie sind so stark in ihrem Glauben an die gute Sache, daß sie die Vergangenheit so sehen, wie sie in ihren Augen sein sollte und nicht, wie sie war.

Ich erfahre deshalb nichts über Leo, einen Freund von Lilo, der in die Sowjetunion emigrierte und dort in den dreißiger Jahren umgebracht wurde. Über dieses Kapitel ihrer eigenen Geschichte hüllen sich alle in Schweigen. Ist es Scham oder der verzweifelte Versuch, durch Vergessen zu verdrängen? Ich habe sie alle unerbittlich gefragt. Nachts quäle ich mich auch. Haben sie, die ich befrage, nicht genug gelitten? Sie waren damals bereit, ihr Leben für eine bessere Gesellschaft zu geben. Nun sind sie überzeugt, daß diese bessere Gesellschaft da ist. Haben sie keine Fragen, Zweifel und Ängste mehr? Ich darf sie mit meinen Fragen nicht verschonen.

So vieles weiß ich noch immer nicht. Immer wieder Fragezeichen im Leben von Lilo. Was erlebte sie als Studentin in Berlin und Stuttgart? Warum wechselte sie ihr Studium?

9.
Gnade

Lilo bricht 1931 ihr Chemiestudium an der Technischen Hochschule in Stuttgart ab. Sie geht nach Berlin, um dort Biologie zu studieren. Warum dieser Wechsel? Wie erklärte sie das ihren Eltern? Gab es bereits politische Aufgaben für sie, die ihren weiteren Lebensweg diktierten? Ich weiß es nicht, und auch ihre Eltern kannten die wahren Gründe nicht. Sie kennen das Leben ihrer Tochter schon lange nicht mehr. Ohne Beunruhigung lassen sie Lilo nach Berlin gehen.

Ein einfaches Leben ist nicht in Gefahr, denkt Richard Herrmann. Als Chefkonstrukteur bei der Firma Hahn und Kolb Werkzeugmaschinen und Werkzeuge verdient er gutes Geld. Die Arbeit macht ihm Spaß. Seine Frau kann sich ohne Sorgen um den Haushalt und die Erziehung von Ernst und Liselotte kümmern. Sie findet sogar noch Zeit für die geliebte Handarbeit. Der Familie geht es gut.

Um Politik kümmern sich Richard und Elise nicht. Unvorstellbar, daß ihre Tochter geheime Treffs organisierte. Nicht möglich, daß sie Briefe mit unsichtbarer Tinte schrieb und über Buchstaben in Artikeln von Sportzeitungen schwarze Punkte setzte. Lilo, warum hast du das nur gemacht? Nach über zehn Jahren denkt Richard Herrmann noch immer darüber nach. In einem Brief vom 7. Mai 1948 schreibt er: »Es ist uns klargeworden, daß ihre Beschäftigung mit dem Kommunismus, der ihr so verhängnisvoll werden sollte, seinen Grund in reiner Menschenliebe und Mitleid mit den Armen und Unterdrückten verursacht worden ist. Das hat aber nach unserer Ansicht seinen Grund darin, daß sie ihre Kindheit in Arbeitergegenden im Norden und Osten verbrachte.«

Und auch Elise Herrmann bezeichnet später ihre Tochter als Opfer ihrer Weltfremdheit und übergroßen Gutmütigkeit.

Fassungslos starren die Eltern auf die Bilder im Familienalbum. Die Haare trägt Lilo schon als kleines Kind streng gescheitelt. Große fragende Augen. Kleider mit Spitzen und Rüschen. »Sie war als Kind schon so ernst«, sagt Elise zu ihrem Mann, »sie lächelte fast nie.« Noch immer hängt Dürers »Veilchenstrauß« in Lilos Zimmer. Das paßt alles nicht zusammen. Warum bist du nur so anders geworden? Lilos Eltern wissen es nicht. Auch das Urteil gegen ihre Tochter kennen sie noch nicht. Sie, die sich aus allem raushalten wollten, sind längst mittendrin. Am 15. Juni 1937, drei Tage nach der Verkündung des Urteils, dürfen die Eltern ihre Tochter besuchen.

Was soll ich ihnen sagen? denkt Lilo. Liebe Mutter, lieber Vater, die Nazis wollen mich umbringen. Kann man das seinen Eltern sagen? Wo nimmt man die Kraft her, sie zu trösten? Lilo beißt sich auf die Lippen. Sehnsüchtig wartet sie, daß die Stunden vergehen. Wenn es nur endlich Mitternacht wäre. Leid läßt sich besser verkraften, wenn ein anderer mitfühlt. Sie muß mit Maria sprechen. Lange liegt Lilo auf dem Boden. Der Stein kühlt ihr heißes Gesicht.

Lilo könnte heute nacht durch den Türspalt sprechen, aber das Wort »Todesstrafe« will plötzlich nicht mehr über ihre Lippen. Todesstrafe, denkt Lilo. Sie klopft das Wort hart mit den Fingerknöcheln, als könnte sie es dadurch zerschlagen, vernichten für immer. Der Schmerz in der Hand tut gut. Er lenkt ab von dem Schmerz in der Brust.

In der Nacht wird die Nachricht von den Politischen weitergegeben. Im ganzen Bau erfährt man es. Aus den Zellen dringt lautes Weinen. Die Wachtmeisterinnen hetzen durch die Gänge, Schlüsselbunde rasseln. Hier hat Ruhe und Ordnung zu herrschen.

Am nächsten Tag ist Hofrundgang. Lilo deutet mit der Hand zum Hals und schaut den Frauen gerade ins Gesicht. Sie spürt mitleidige Blicke. Entsetzte Augen starren sie an. Einige der Frauen sehen niedergeschlagen weg. Lina Haag, eine politische Gefangene, die in der gegenüberliegenden Zelle inhaftiert ist, kauert sich nach dem Hofrundgang auf ihre Pritsche. Sie hat selbst ein Kind und weiß, was Lilo fühlt.

Am kommenden Sonntag schließt eine Hilfswachtmeisterin Linas Zellentür nicht ab. Verängstigt durch Verhöre und die lange Haftzeit, vermutet Lina eine Falle. Erst als die Diensthabende die Korridortür verschließt und niemand mehr auf dem Gang ist, wagt sie sich zu Lilos Zelle. Vorsichtig klopft sie an die Tür. Leise sagt sie ihren Namen. Langsam schiebt sie acht Schlaftabletten unter Lilos Zellentür.

Unter allerlei Vorwänden hat sie die Tabletten erbettelt, erfleht. Sie hat sie zusammengespart für lange, schwere Stunden. Wie oft hielt Lina Haag sie in der zusammengepreßten Hand. Sie sehnte sich nach dem bitteren Geschmack des Betäubungsmittels, durch das sie sacht in einen tiefen Schlaf fallen würde. Einen Schlaf, der nicht mehr durch Ängste gestört werden kann.

»Lieb von dir«, sagt Lilo mit ruhiger Stimme, »ich

danke dir.« Lina muß sich bemühen, daß sie jetzt nicht weint, nicht vor lauter Unglück aufschreit. »Kann ich noch etwas für dich tun?« fragt sie unsicher. Lilo schüttelt den Kopf. »Nein«, sagt sie, »es ist nichts mehr zu tun, ich wünsche euch alles Gute.« Lina Haag geht langsam in ihre Zelle zurück.

Viereinhalb Jahre ist sie noch in Gefängnissen und Konzentrationslagern. Als man sie freiläßt, hält man ihren Mann noch immer im Konzentrationslager Mauthausen fest. Nach vielen vergeblichen Versuchen gelingt es ihr, mit Himmler[11]) zu sprechen. Lina Haag macht keine Zugeständnisse, verbirgt nicht ihre Gegnerschaft, bettelt nicht. Der Reichsführer ist irgendwie beeindruckt von dieser Frau. Lina Haags Mann wird entlassen. Man schickt ihn an die Front. Sie hofft, daß er sich bald von der sowjetischen Armee gefangennehmen lassen kann. Alle Sehnsüchte, alles Schmerzliche, alle Wünsche und Hoffnungen, das Leben mit der Tochter Käthe und die wenigen Glücksmomente der Familie in dieser Zeit schreibt Lina Haag auf. Ihr Buch wird in vielen Ländern gelesen. Oskar Maria Graf[12]) sagt: »Es ist ein unendlicher Liebesbrief.« Als ein amerikanischer Verlag mit der Bestsellerliste lockt und ganz nebenbei verlangt, daß sie wenigstens im Klappentext ihre politische Gesinnung leugnen soll, schmeißt Lina Haag den Verlagsvertreter aus ihrer Münchner Wohnung.

Maria flüstert: »Du mußt leben.« Lilo liegt auf dem Boden, das Ohr dicht an den Türspalt gepreßt. »Ich will nicht um Gnade flehen, nicht abschwören und keine Namen nennen. Andere sollen nicht durch mich sterben. Ich muß aufrecht bleiben.« Maria gibt nicht auf. »Die Nazis werden kein tausendjähriges Reich haben. Nach ihnen brauchen wir solche Menschen wie dich.

Wir müssen alles Mögliche versuchen, damit die Todesstrafe in eine Freiheitsstrafe umgewandelt wird. Bitte, wir brauchen dich.«

Zehn Tage nach der Urteilsverkündung schreibt Lilo an ihre Eltern: »Auch Ihr könnt mir am besten helfen, wenn Ihr es möglichst gefaßt tragt. Ich kann mir ja jetzt auch erklären, warum Mutter im letzten Jahr so krank gewesen ist ... Ich hoffe nur, daß Euch auch weiterhin Eure Gesundheit so einigermaßen erhalten bleibt, und ich weiß auch, daß Ihr schon wegen Walter alles dazu tun werdet. Meine eigene Ruhe kann ich beinah eine vollkommene nennen. Woher das kommt, weiß ich zwar selbst nicht. Vielleicht aus mir ganz unbewußter Hoffnung.«

Lilo teilt den Eltern mit, daß sie sich auf den Besuch ihres Bruders und dessen Frau freut. Sie hofft, daß Else, die schwanger ist, die Nachricht über das Urteil nicht geschadet hat. Und wieder bittet Lilo, daß die Eltern im nächsten Brief recht viel über Walter schreiben.

Auch ihr Verteidiger, Dr. Widmann, hat eine Bitte an Richard Herrmann, die Lilo ihm aufgetragen hat. »Sie hat mich gebeten, Ihrer Frau Gemahlin, ihrer Mutter, den Wunsch zu übermitteln, Ihre Frau möchte alsbald an Frau Ministerpräsident Göring[13]) nach Berlin von sich aus ein Gnadengesuch wegfertigen.« Der Rechtsanwalt weist darauf hin, daß in diesem Gesuch selbstverständlich nicht zur Sache Stellung genommen werden darf.

Noch am gleichen Tag, am 16. 6. 1937, schreibt Elise. Sie bittet um Verzeihung, weil sie fürchtet, daß sie Frau Göring mit diesem Schreiben belästigt. Sie fleht um Hilfe und bettelt um das Verständnis einer Frau, die gerade erst Mutter geworden ist. Einer Frau, von der sie hofft, daß sie die Mühe, die Sorgen und die Liebe um ein Kind versteht. »Es ist mir ganz unmöglich zu glauben, daß es möglich ist, ein blühendes, junges Menschenleben ohne zwingenden Grund zu vernichten und meinem jetzt dreijährigen Enkel die Mutter zu nehmen.«

Von der Verhaftung am 7. Dezember 1935 schreibt Elise. Niemand sagte ihr damals, weshalb man ihre Tochter mitnahm. Von den Besuchen berichtet Elise, die nach vielen Wochen genehmigt wurden: »Für meine Tochter waren diese Besuche jedoch immer eine große Erleichterung, denn sie sah daraus, daß ich mein Vertrauen in sie nicht verloren hatte.« Immer länger wird der Brief von Elise. Sie schreibt von ihrer Gallenblasenentzündung, von den vielen Krankenhausaufenthalten, von Walter, dem vielversprechenden Jungen, der seinen Vater nicht kennt, aber dessen Mutter sie diesen Fehltritt verziehen haben.

Richard beugt sich über Elises Schulter. »Wer soll das alles lesen?« fragt er. Seine Frau schreibt den letzten Satz: »Ich flehe Sie an, verehrte Frau Göring, diese Bitte einer so schwer geprüften und fast zusammengebrochenen Mutter zu erfüllen, ich wollte ja so dankbar sein.« Sie liest den Brief noch einmal durch und schreibt ihn sauber ab. Als sie unterschreibt, zittern ihr die Hände. Unsicher blickt sie ihren Mann an. Eine Mutter setzt sich immer für eine andere Mutter ein, nicht wahr, Richard? Das ist doch so, Richard, oder nicht? Wenn es um die Kinder geht, halten wir Mütter fest zusammen, Richard.

Aber Richard Herrmann weiß nicht, ob Emmy Göring helfen wird. Er und Elise wissen nicht, daß man Müttern, die aus politischen Gründen inhaftiert wurden und die im Gefängnis ihr Baby bekamen, das Kind nur so lange läßt, wie sie es stillen können. Die gefangenen Mütter sind gierig nach jedem Schluck Wasser. Sie waschen sich nicht und spülen nicht die Klokübel. Sie müssen trinken, viel trinken. Viel trinken gibt viel Milch. Jede Fleischfaser in der kalten Suppe wird hinuntergewürgt. Fleisch gibt Kraft. Nachts befühlen und besprechen die jungen Mütter ihre Brüste. Bitte noch ein paar Tropfen Milch, bitte, nur noch für ein paar Tage. Die Wärterinnen bringen die Kinder. Die Mütter pressen die Brüste, bis sie rot und heiß sind. »Da kommt nichts mehr«, sagen die Wärterinnen und tragen die schreienden Kinder hinaus. Ihnen kann man nichts vormachen, schließlich sind auch sie Mütter.

Wenn es hart auf hart kommt, denkt Elise Herrmann, stehen wir Mütter zusammen. Sie und ihr Mann finden keinen Schlaf. Emmy Göring wird uns helfen. Wir dürfen die Hoffnung nicht aufgeben, nicht wahr, Richard?

Nach einer Woche kommt ein Brief aus dem Privatsekretariat von Emmy Göring. Er wurde am 23. Juni 1937 geschrieben, an Lilos 28. Geburtstag. Elises Augen erfassen die Zeilen ... Emmy Göring bedauert. Elise kann es nicht begreifen. Richard nimmt ihr den Brief aus den Händen. Er liest erst leise, dann laut: »Auf Ihr Schreiben vom 16. ds. Mts. teile ich Ihnen mit, daß es Frau Göring beim besten Willen nicht möglich ist, Ihnen zu helfen, da sie sich grundsätzlich nicht in amtliche Angelegenheiten einmischen kann und darf. Es kann Ihnen daher nur anheimgestellt werden, ein direktes Gesuch an den Führer zu richten.«

Elise nimmt ihre Hände vom Gesicht und nickt. Ihr Kopf sinkt auf die Schulter ihres Mannes. Lange stehen Richard und Elise so. Sie müssen nicht befürchten, daß der Junge ins Zimmer kommt. Das Kindermädchen ist mit Walter spazieren. Am Abend setzt sich Elise an den Schreibtisch. »... und hege die Hoffnung, daß Sie, mein

Führer, bei Prüfung des Ihnen vorgelegten Gnadengesuches, zu dem Entschluß kommen, das gegen meine geliebte Tochter, die nur das Opfer ihrer Weltfremdheit und übergroßen Gutmütigkeit geworden ist, ausgesprochene unmenschlich harte Urteil zu mildern.«

Noch vor ihrem 28. Geburtstag hat Lilo Besuch von ihrem Verteidiger. Über das Gespräch mit Dr. Widmann schreibt Lilo an ihre Eltern: »Mir ist auch noch einiges, wenn auch sehr wenig, für das Gesuch eingefallen. Er ist sicherlich nicht sehr zufrieden mit mir, daß ich ihm so wenig helfen kann dabei.«

Aber kurze Zeit später erinnert Lilo sich an die Namen zweier Familien, zu denen ihre Eltern einmal Beziehungen hatten und deren Männer Mitglied der NSDAP sind. »Falls dies der Fall wäre«, schreibt Dr. Widmann an Richard Herrmann, »könnte ich mich dem Wunsch, auch an diese Personen wegen Unterstützung des Gnadengesuches heranzutreten, anschließen.«

Seine Mandantin kämpft um ihr Leben, aber ihr Fall macht es ihm nicht leicht. Auf der ersten Seite, im Schreiben an den Oberreichsanwalt, geht ihm die gewohnte Amtssprache noch leicht über die Lippen. »Es darf aber darauf hingewiesen werden, daß, wenn Staatsnotwendigkeit die Strafe gefordert hat, der Zweck schon durch die Häufung der Erkenntnisse, die geradezu erschreckend gewirkt hat, erreicht ist. Darüber hinaus erscheint es nicht notwendig, die Vollstreckung durchzuführen, zumal der Verzicht darauf in einem Falle, in dem eine junge Mutter in Frage steht, den Gedanken unangebrachter Milde und Preisgabe des staatlichen Strafanspruchs an sich nicht aufkommen ließe, auch wenn je eine weitere Öffentlichkeit von einem Gnadenerweis Kenntnis erlangen sollte.«

In zwei Sätzen – und in was für guten Sätzen, denkt

Dr. Widmann – hat er das Wesentliche gesagt. Alle weiteren Angaben fallen ihm sichtlich schwer. Und so gibt er zu bedenken, daß zwar der äußere Tatbestand in der Hauptverhandlung »ziemlich« aufgeklärt wurde, aber Motive der Angeklagten nicht erörtert wurden. Weil ihm die Aussagen von Lilo fehlen, fragt er an, ob nicht »die größte Wahrscheinlichkeit dafür besteht, daß seine Mandantin Opfer einer Halbbildung geworden« ist. Er spricht von einer Verführten und bescheinigt ihr einen Mangel an geistiger Kapazität. »Ebenso denkbar wäre aber auch, daß sie unter dem Zwang einer tatsächlich angedrohten Denunziation gehandelt hätte.«

Ach, Dr. Widmann weiß auch nicht, was er noch schreiben soll. Und so beteuert er, »daß diese Gesichtspunkte das Urteil nicht abzuändern vermögen, aber die Bitte um den nachgesuchten Gnadenerweis rechtfertigen, um so mehr, als die Angeklagte nicht zur Kategorie der überzeugten Kommunisten gezählt werden darf...«

Das Gnadengesuch. Der Gang nach Canossa. Sich beugen und sich doch das Kreuz nicht brechen lassen. Das ist aus Lilos Gnadengesuch zu entnehmen. In der DDR wird es nie vollständig veröffentlicht. Übriggeblieben ist da nur die letzte Zeile, die oft als Zitat ohne Quelle angegeben wird. Alle anderen Worte werden verschwiegen.

Am 26. Juni 1937 läßt sich Lilo Papier und Füllhalter geben. Sie bittet, von der Vollstreckung des Urteils abzusehen:

»Auch im Hinblick auf mein Kind möchte ich diese Bitte aussprechen. Wenn ich bei dauernden Aufenthalt im Zuchthaus meine Mutterpflichten, die mir das heiligste und liebste sind, nie mehr auch uneinigermaßen erfüllen könnte, so bliebe dem Kind aber wenigstens die Gewißheit, daß seine Mutter lebt und ihn liebt wie kein anderer Mensch und daß er sie nicht auf so grausame Weise hat verlieren müssen, was eine ungeheure innere sowie äußere Belastung zeit seines Lebens sein würde und was seine bisher so glücklich und gesund verlaufende Entwicklung tiefgreifend und nachhaltig erschüttern würde.« Und Lilo schreibt weiter, daß sie sich der Tat, die ihr zur Last gelegt wird, aufgrund ihrer Unerfahrenheit und Unkenntnis der Zusammenhänge nicht in vollem Umfang für schuldig fühlen kann. Ihrer Unterschrift fügt sie als letzten Satz ein Zitat von Beethoven an. »O! Wer war glücklicher als ich, da ich noch den süßen Namen Mutter aussprechen konnte und er wurde gehört.«

Lilo bittet ihren Verteidiger, den Rechtsanwalt Dr. Widmann aus Stuttgart in der Marienstraße, das Gnadengesuch an die zuständigen Stellen weiterzuleiten. Dadurch kann sie die Anrede »Werter Führer« oder ähnlich Absurdes vermeiden.

Die zuständigen Stellen sind enttäuscht. Sie wollen keine Beethovenzitate. Sie erwarten Namen oder wenigstens einen einzigen. Ist denn das zuviel verlangt? Nur einen Namen für das eigene Leben. Man muß nicht einmal die Lippen bewegen. Nur Papier und Bleistift muß man fordern. Ein paar Buchstaben aneinanderreihen, eine Zeile, nicht länger als ein Kinderfinger, hingekritzelt in wenigen Sekunden. Eine Handvoll Buchstaben für die Verlängerung des eigenen Lebens. Will das die Herrmann nicht begreifen? Sie liebt doch ihr Kind wie keinen anderen Menschen. Sie will es nicht begreifen, wie schnell, wie einfach man die eigene Haut rettet. Was kann man denn außer der eigenen Haut sonst noch retten? fragen sich die Nazis.

An den verantwortlichen Stellen für Gnadengesuche schüttelt man die Köpfe, man begreift den Starrsinn dieser Frau nicht und notiert am 1. Juli 1937: »Bei Liselotte Herrmann liegen besondere Umstände, die bei der Prüfung eines Gnadenerweises in Betracht kämen, nicht vor. Im Verlaufe der polizeilichen Ermittlungen hat die Herrmann durch ihr Verhalten nicht gezeigt, daß sie über ihre Tat Reue empfindet, und sie hat von sich aus zur Klärung des Sachverhaltes nicht beigetragen.«

Lilo muß auf ihre letzte Reise gehen.

10.
In der Barnimstraße

30. Juni 1937 – Einzeltransport der Gefangenen Liselotte Herrmann in das Frauengefängnis Berlin-Barnimstraße.

»Die Gefangene ist zu fesseln. Jegliche Sicherungsmaßnahmen sind einzuhalten.« Legt sie in Fesseln. »Nach ihrer Einlieferung in Berlin sofortige Benachrichtigung in Stuttgart.« Fesselt sie! Jeglicher Fluchtversuch, jeglicher Selbstmordversuch ist auszuschließen. Noch hat sie nicht gestanden.

Lilo ist in der Barnimstraße eingetroffen. Eine Beamtin übergibt ihr ein dunkelblaues Drillichkleid. »Wird alle drei Monate gewechselt«, sagt sie, »wöchentlich geliefert wird ein Hemd, eine Schürze, ein Taschentuch, auch bei starkem Schnupfen nicht mehr, merken sie sich das. Und hier die Extrawäsche: Hosen, Monatsbinden und Unterlagen.« Die Wäsche des Hauses wird von den Kriminellen gewaschen. Besonders die Extrawäsche trägt deutliche Spuren vorhergegangenen Gebrauchs. Lilo weigert sich nicht, sie zu berühren. Sie wird die Wäsche, wie alle Gefangenen der Strafanstalt, tragen. Was bleibt ihnen anderes übrig?

Es sind weit über 600 Frauen. Aber man unterscheidet streng nach den Politischen und Kriminellen. Zu den Politischen gehören solche Frauen wie Lilo, Bibelforscherinnen und katholische Schwestern. Selbst ein älteres Straßenmädchen zählt dazu. Vor Monaten hatte ihr ein SA-Mann einen Korb gegeben. Das war ihr in diesem Viertel noch nie passiert. Sie ging dem Mann nach, hakte sich bei ihm ein. Und nur, weil er sie von sich stieß, hatte sie geschrien: »Dann geh doch zu deinen Böcken von der SA!« Dieser Satz brachte ihr neun Monate sowie die Bezeichnung »Politische«. Wie gern wäre sie eine Kriminelle. Die führen ein beneidenswertes Leben im Gefängnis. Für Stunden können die sich innerhalb des Gebäudes frei bewegen. Kriminelle werden zu den Hausarbeiten herangezogen und erhalten manchmal ein zusätzliches Essen. Wer eine doppelte Essensportion genossen hat, spürt für ein paar Stunden am Tag nichts mehr von diesem ständigen Hunger. Seit April 1936 sind jegliche Zuschüsse für das Gefängnis gesperrt. Nur noch an Sonntagen wird den Gefangenen ein Fleischgericht gegeben. Und einen Sonntag gibt es in der Barnimstraße oft nur alle fünf Wochen. Dafür aber reichlich Fischgulasch und Lungenhaschee. Diese Gerichte und die grünliche Masse in den Kohlrouladen verhelfen ganzen Abteilungen zu tagelangem Erbrechen und Durchfall.

Für Lilo ist das alles nicht neu. Sie ist bereits ein Jahr und sieben Monate in Haft. Hier, in der Barnimstraße, wird sie jedoch nicht mehr für Arbeiten auf weitere Sicht angelernt. Sie ist eine Todeskandidatin. Für solche Frauen bleibt nur die Füllarbeit in der Werkmeisterei. Lilo klebt Cellophantüten. Manchmal sind es auch Kaffee- oder Teemützen. »Feinfingergeschick haben Sie überhaupt nicht«, sagt eine Beamtin, die den Stapel Tüten begutachtet. Lilo benetzt ihre heißen Fingerkuppen mit der Zunge. Sie besieht sich ihre Hände. Schon lange wachsen ihre Fingernägel nicht mehr nach. Statt dessen bilden sich kleine weiße Blasen auf den Nägeln. Nur vorsichtig kämmt sie sich. Fast gleichgültig streift sie die vielen Haare aus den Zinken. Sie kennt die Hungergefühle nach der Suppe und der Scheibe Brot, die bereits kurz nach 17.00 Uhr ausgeteilt werden. Einmal in der Woche gibt es Salzhering und Pellkartoffeln. Dann ist der Hunger nicht ganz so groß, aber der Durst danach ist schrecklich.

Die Nacht ist lang, unendlich lang. Um 6.30 Uhr werden alle Frauen geweckt. Sie müssen die Zellen säubern. Erst danach dürfen sie sich waschen und anziehen. Im Winter hat das alles ohne Beleuchtung zu geschehen. Doch für Lilo gilt das nicht. Das Licht in ihrer Zelle wird nicht gelöscht. Sie ist eine Todeskandidatin. Man muß sie jederzeit beobachten können. Um 7.30 Uhr erhält sie wie alle Frauen ihr Frühstück. Ein Stück Brot und einen halben Liter Flüssigkeit. Der Hunger wird betäubt, aber er geht nicht fort. Nur wenige Frauen bekommen Milch und eine Fettzulage genehmigt. Sie müssen beim Anstaltsarzt Dr. Wille darum bitten und betteln. Lilo geht nicht zu ihm. Aber wie alle Frauen darf sie um 8.00 Uhr zur Freistunde, die in der Barnimstraße 30 Minuten dauert.

Gleich am ersten Tag hat eine Beamtin ihr mitgeteilt, daß das Sprechen in der Freistunde verboten ist. Auch das Öffnen eines einzigen Knopfes des Drillichkleids ist untersagt, selbst bei extrem hohen Temperaturen. Sie dürfen nicht aus dem Fenster sehen. Lilo kennt die Verbote und die Bestrafungen. Sie weiß, was Einzelhaft, Nacht-, Tag- und Dunkelarrest bedeuten.

Jeden Tag geht Lilo unter das Fenster. Immer dann, wenn ihre Zelle aufgeschlossen wird. Lilo steht stramm, macht ihre Meldung. Manchmal legt ihr die Beamtin den »Leuchtturm« auf den Tisch, eine Zeitung, die für alle Gefängnisse des Deutschen Reiches herausgegeben wird.

Wenn sie will, kann sie Kurse über Rassenhygiene, die Erblehre und das Parteiprogramm der Nazis besuchen. Sie geht dort nicht hin. Aber das ältere Straßenmädchen meldet sich eifrig für die Schulungen. Neben ihr sitzt die Frau eines Beamten. Angeekelt rückt sie von dem Straßenmädchen ab. Mit so einem Pack will sie auch hier nichts zu tun haben. Sie weiß nicht, daß auch dieses Straßenmädchen, ebenso wie sie, wegen einer einzigen unbedachten Bemerkung inhaftiert wurde. Die Frau des Beamten meldet sich eifrig, plappert nach, was man von ihr hören will, in der Hoffnung, daß sie so dieses Leben hier besser übersteht. Nur manchmal, in den langen Nächten, quält sie der Gedanke, was das für ein Staat ist, der sich durch die Bemerkung einer Hausfrau in seinen Grundfesten erschüttert fühlt. Doch sie hütet ihre Gedanken wie ein Geheimnis. Am liebsten würde sie überhaupt nicht mehr denken. Sie will nur raus und hat sich fest vorgenommen, nie mehr das zu sagen, was sie denkt. Hätte sie geschwiegen, müßte sie jetzt nicht leiden, wäre sie jetzt nicht eingestuft in die Kaste der Politischen.

Lilo geht zur Freistunde. Wenn sie Blicke spürt, kann sie nicht ausmachen, ob sie von instinktivem Mitleid herrühren oder vom Wissen um sie. Auch in ihrer Zelle kann Lilo mit niemandem reden. Die junge Frau, die täglich mit ihr eingeschlossen wird, spricht von den Bewegungen ihres Kindes. Was soll Lilo ihr sagen? Soll sie ihr sagen, daß es schön ist, ein Kind zu haben? Daß es eines der schönsten Gefühle ist, wenn der Leib des Kindes sich im eigenen Leib regt? Wenn das zärtliche Stoßen der Arme und Beine die ganze Seele in Wallung bringt? Kein Schmerz ist dabei.

Lilo möchte nichts mehr von dem Kind der anderen

Frau hören. Auch ihr Bruder hat seit dem 8. Oktober 1937 einen Sohn. Else entschuldigt sich, daß sie so lange nicht geschrieben hat. Das Baby beschäftigt sie zu sehr. »Abends bin ich oft wie erschlagen«, schreibt sie an Lilo. Während Lilo den Brief liest, befühlt die Zelleninsassin ihren Leib. Sie redet und redet, wenn Lilo ihr nur den Kopf zuwendet. Aber sie sagt kein Wort zu Lilo. Sie spricht auf ihren Bauch ein.

Wie gern wäre Lilo jetzt allein in ihrer Zelle. Doch das erlauben die Regeln in der Barnimstraße nicht. Zu den weiteren Vorschriften gehört, daß die Politischen keine doppelte Essensportion erhalten dürfen. Aber manchmal gibt ihr die Gefängnisbeamtin Pawelskie einen Nachschlag. Und nach dem letzten Hofrundgang hat ihr ihre Zellennachbarin eine kleine Tüte Zucker zugesteckt. Karla Wisotzki hatte das lange geplant. Doch als sie Lilo die Zuckertüte hastig gibt, fallen ein paar Krümel auf die Erde. Die Wachtmeisterin Pawelskie sieht es, aber sie sagt nichts.

Viele der Beamtinnen munkeln, daß man die Herrmann begnadigen wird. »Eine Mutter«, sagen sie, »steht im Deutschen Reich unter besonderem Schutz.« Und sie sind fest davon überzeugt, daß die Herrmann durch ihr Kind vor der Todesstrafe geschützt ist.

Auch das ältere Straßenmädchen hört von Lilo, der Politischen, der Mutter eines Kindes. Aber das alles interessiert sie nicht. Sie interessiert nur, wie sie das alles hier möglichst schnell übersteht. Und in den Kursen zur Rassenhygiene vergeht die Zeit wie im Fluge, wenn man ordentlich mitarbeitet. Sie kennt das alles auswendig. Minderwertige Erbstämme sollten tunlichst von jeglicher Fortpflanzung ausgeschlossen werden. Lebensunwertes Leben muß vernichtet werden. Wer zu den Lebensunwerten gehört, sagt man ihr. Die

Geisteskranken, die Blinden, die Tauben, die Homosexuellen, die Alkoholiker und die politisch Andersdenkenden. Der Untermensch darf uns nicht an die Wand drücken. Alles Kranke ist Last und muß vernichtet werden. Nur wenn das ältere Straßenmädchen nicht herangenommen wird, denkt es für ein paar Sekunden, ob man Krankheit und Leid wegsterilisieren kann? Was wird sein, wenn sie alt und krank ist? Fort mit solchen Gedanken, jetzt ist sie noch nicht alt, jetzt ist sie hungrig und schwach, aber noch lange nicht krank. Wer weiß, was morgen ist? Wer weiß schon etwas von dieser Liselotte Herrmann? Wer kennt schon die Zustände in der Barnimstraße?

Die deutschen Frauen stehen beim Fleischer an. Sie tragen Schmalz in Tüten nach Hause. Fett-Tüten, die in der Barnimstraße geklebt wurden. Tüten, die in alle Gegenden Deutschlands gehen. Um einer Tüte die richtige Form zu geben, muß eine Frau aus der Barnimstraße einen Holzklotz mit einem Gewicht von 1,5 kg siebenmal heben. 500 Tüten pro Tag werden als normale Tagesleistung angesehen. Wenn sie Tüten kleben, erhalten je zwei Frauen zusammen einen Tonkrug und einen Eimer Wasser. Diese Ration muß zur Körperreinigung beider Insassinnen verwendet werden, zur Säuberung der Zelle, zum Trinken, zur Toilettenspülung, zum Auswaschen der Monatsbinden und zur Reinigung der vom Kleister beschmierten Hände.

Die Frauen da draußen wissen nichts davon. Sie tragen ihre Schmalztüten nach Hause. Auf ihnen steht »Hygienisch einwandfrei hergestellt« und »Inhalt von Menschenhand unberührt«. Die deutschen Hausfrauen ahnen nicht, daß der Text auf den Fleischertüten erlogen ist. Aber sie glauben, daß es eine Lüge ist, was in der Straßenbahn getuschelt wird und auf Flugblättern stehen soll.

»Liesl Herrmann – eine deutsche Mutter – zum Tode verurteilt.« So etwas würde Hitler nie zulassen. Nur wenige Deutsche setzen ihren Namen unter ein Protestschreiben. Die unzähligen Unterschriften kommen aus anderen Ländern. Es werden von Tag zu Tag mehr.

11.
Die Post

Die Post ist da, und schon schlägt das Herz schneller. Erinnere dich, Lilo, wie du als kleines Mädchen dem Vater entgegengelaufen bist. Du warst immer schneller beim Vater als Ernst. Die Post ist da. Stets war der Vater voller Erwartung, wenn er mit dem Brieföffner das Kuvert aufriß. Immer sah er zufrieden aus, wenn er die Zeilen las. Gab es in eurem Haus keine traurigen Nachrichten? Keine finstere Miene hast du gesehen, wenn es hieß: Die Post ist da. Manchmal hast du der Mutter einen Umschlag gegeben, ohne Anschrift, ohne Absender. Hast ganz leise gesagt: »Die Post ist da.« Und dann dieses lange Warten, bis sie den dreimal geknickten Zettel auseinanderfaltete. »Liebe Mutter, mir geht es gut, wie geht es dir? Deine Lilo.« Da hast du die Zauberkraft des Satzes gespürt.

Er kann frohe Gesichter machen. Die Post ist da. Wie oft warst du später froh, wenn eine lang ersehnte geheime Nachricht kam. Erst dann konntest du sicher sein, daß dein chiffrierter Brief in die Schweiz an die richtige Adresse gekommen war.

Und wieder geht ein Brief aus Deutschland in die Schweiz. Nicht von Lilo. Agnes Rösler schreibt ihn 1937 aus dem Untersuchungsgefängnis in Stuttgart. Wie viele Gefangene weiß sie von dem Todesurteil gegen Lilo. Ungeduldig wartet sie auf den Tag, an dem sie nach Hause schreiben kann. Sie bittet ihre Schwester um Stopfgarn für Strümpfe. Ein Satz zu ihren alten Kleidungsstücken und noch ein Satz über das Nähzeug, das sie für das Nötigste besitzt. Der Text strengt sie an. Eigentlich brauchte sie einen Extrazettel, um die Zeilen zu chiffrieren, aber sie ist nicht allein in ihrer Zelle. Sie muß vorsichtig sein. Der Brief muß nach draußen kommen. Die Zeit zum Schreiben des Briefes ist bemessen. Ein Satz, der nach der Entschlüsselung den Buchstaben C ergibt, fällt ihr nicht ein. Der Brief geht durch die Zensur, erreicht die Schwester von Agnes. Die Worte müssen auf dem schnellsten Weg in die Schweiz, aber sie dürfen nicht auf dem Gefängnisvordruck stehen. Sorgfältig schreibt die Schwester von Agnes Wort für Wort ab. Susanne Kuderer erhält den Brief in Zürich. Sie dechiffriert: Lilo Herrmann – Hochverrat – zu Tode. Sie übergibt die Zeilen der Leitung der KPD. Ein Jahr lang versuchen Susanne Kuderer und andere Genossen, die Nachricht überall hinzusenden.

Kurze Zeit später handelt man in den anderen Exilländern ähnlich. Nach Wochen treffen waschkörbeweise Protestschreiben in Deutschland ein. Christliche und bürgerliche Vereinigungen schreiben Bittgesuche. Es kommen Karten, Briefe und Unterschriftenlisten aus der Schweiz, Frankreich, Belgien, Norwegen, Schweden, Dänemark und England. Tausende von Menschen sind empört, daß eine junge Mutter sterben soll. Es sind auch Frauen darunter, die den Führer achten und verehren. Daß von einem deutschen Gericht ein Todesurteil gegen eine Mutter gefällt wurde, können sie nicht fassen. Abends legen sie ihre Kinder schlafen und streicheln ihnen die Wangen. »Es wird schon alles gut werden«, sagen sie mehr zu sich selbst als zu den Kindern. Dann schreiben sie flehentliche Briefe an den geliebten Führer.

Die Post ist da, aber Lilo weiß nichts davon. Keiner wird es ihr sagen. Von niemandem erfährt sie, daß Briefe und Karten aus Frankreich, England, Holland, Norwegen, Schweden, Amerika und aus der Schweiz für sie da sind.

Eine Frau aus Amsterdam schreibt: »Ich glaube fest daran, daß man bereits alle erforderlichen Maßnahmen für eine Begnadigung in die Wege geleitet hat.« Züricher Rechtsanwältinnen bitten, das Todesurteil in eine Freiheitsstrafe umzuwandeln. Göteborger Intellektuelle fragen, worin das Verbrechen dieser Frau besteht. Englische Frauen ersuchen um Aufhebung des Todesurteils. Die norwegische Gruppe der Internationalen Frauenliga für Frieden und Freiheit fordert, daß man der Angeklagten die Möglichkeit einer objektiven Verteidigung gibt.

»Die Post ist da, und wieder alles für die Herrmann«, sagt ein Beamter aus dem Gefängnis. Er zieht ein Schreiben aus dem Postkorb und blickt auf die lange Namensliste. Ein Jude, da könnte ich wetten, denkt er, als er eine Unterschrift sieht, die einem Strich gleicht. Hat wohl Angst, entdeckt zu werden, typisch, alles feige, hinterlistige Schweine. Der Beamte wühlt in dem großen Stapel und zieht sich ein paar Karten heraus. »An den Mörder einer deutschen Mutter, sehr geehrter Reichskanzler, dear leader«, liest er. Der weitere Inhalt der Post, ob nun mit Schreibmaschine sorgfältig verfaßt, mit akkuratem Schriftzug aufgesetzt oder mit ungelenker Hand geschrieben, interessiert ihn nicht. Es ist halt immer das gleiche, langweilig mit der Zeit, und das geht nun schon seit August 1937. Alle Karten und Briefe muß der Beamte erfassen, jeden unleserlichen Absender entziffern und bei anonymen Briefen jeden verwischten Poststempel untersuchen.

Dabei weiß er nicht einmal, wie die Herrmann aussieht. »Mußt du auch nicht«, sagt ihm sein Kollege, »ein richtiges Mannsweib, Judenschickse, hat sich den Balg doch nur ansetzen lassen, damit sie, wenn sie einmal gefaßt wird, geschützt ist. Doch da hat sie sich geirrt. Der Führer bleibt hart.« – »Recht so«, sagt der Beamte. Ihm macht die Herrmann nur zusätzliche Arbeit. Man muß die Kommunisten vernichten, alle. Erst dann wird es wieder normal in den Gefängnissen zugehen. Auch seine Kollegen sehen es so.

Gerade gestern wurde wieder ein Kassiber bei einer Politischen entdeckt. »Die haben wir zum Reden gebracht«, sagt er zu seinem Kollegen. Lächelnd fügt er hinzu: »Und ab heute ist sie nicht mehr schwanger.«

Nicht jeder Kassiber wird gefunden, nicht in Berlin, nicht in Stuttgart, Max Hermling ist aus dem Untersuchungsgefängnis in Stuttgart geflohen. Seine Jackettaschen werden von französischen Genossen geleert. Sie entrollen ein winziges Papierkügelchen. »Lilo Herrmann – Hochverrat zu Tode – Begnadigung ist Fabel hat Kleinkind soll man Welt mitteilen – tut alles – höchste Gefahr.« Die Commission d'amnestie in Paris gibt eine umfangreiche Broschüre unter dem Titel »Eine deutsche Mutter in der Todeszelle« heraus. In vielen Ländern werden Komitees zu Lilos Rettung gebildet.

Die Post ist da, und sie will kein Ende nehmen. Täglich treffen in Berlin Karten und Briefe ein. Auch die Reichsfrauenführerin Scholtz-Klink bekommt immer wieder Protestschreiben. Im September 1937, zwei Monate nach dem Prozeß gegen Lilo, reicht es ihr. Verunsichert, aber fordernd schreibt die Reichsfrauenführerin an ihren Parteigenossen Himmler. »Die Zuschriften aus dem Ausland in der Angelegenheit Liselotte Herrmann werden von Tag zu Tag zahlreicher. In der

Anlage lasse ich Ihnen wieder zur weiteren Verwendung zugehen, was bei uns in der letzten Woche eingegangen ist. Ich habe den Eindruck, daß es vielleicht doch nötig wäre, in der Zeitung einmal eine kurze Notiz zu bringen, die über den Fall aufklärt und dieser ganzen Schreiberei ein Ende macht.«

Der Reichsführer der SS und Chef der Deutschen Polizei lehnt eine Veröffentlichung des Falls in der Presse ab, weil es sich um fanatische und überaus gefährliche Kommunisten handelt. Er beruhigt die Reichsfrauenführerin: »Die Hetze gegen Deutschland wird aufhören, wenn das Urteil vollstreckt ist.« Aber noch ist es nicht soweit. Dabei sind die Vertreter des Jugendamtes beim Städtischen Wohlfahrtsamt in Stuttgart am 9. November 1937 schon ganz unruhig. Man bittet um »bald geflissentliche Mitteilung, ob das Urteil bereits vollstreckt ist. Verneinendenfalls bitten wir, uns seinerzeit von der Vollstreckung sofort Kenntnis zu geben, damit von uns rechtzeitig Antrag auf Gewährung von Waisenrente für unser Mündel gestellt werden kann.«

Noch ist es nicht soweit. Es liegen, und das ist nichts für gemeine Ohren, besondere Gründe vor, die die Erledigung des Gnadenverfahrens erheblich verzögert haben. Schließlich wurde die Urteilsverkündung im Prozeß gegen Max Burghardt und andere Genossen ausgesetzt. Dringend warte man auf Aussagen von Liselotte Herrmann, die sofort von Berlin nach Stuttgart zu melden sind. In Erwartung dieser wichtigen Aussagen hält man eine Sonderbehandlung für angebracht.

Das Schreiben des Strafanstaltsdirektors des Frauengefängnisses Berlin-Barnimstraße an den Reichsanwalt lautet: »Im Hinblick auf die Besonderheit des Falls möchte ich von der Vorschrift, daß Herrmann als Zuchthausgefangene nur alle drei Monate Besuch erhalten darf, abweichen und ihr den Empfang von Besuch etwa nach 6 Wochen wieder gestatten.« Der Antrag wird befürwortet.

Und auch für Lilo ist Post da. Der Vater ist wütend. »Trotzdem die Urteilsverkündung geheim war und nicht veröffentlicht worden ist und nur einige Amtswalter zugegen waren, hat anscheinend einer der bei der Urteilsverkündung Anwesenden den unglaublichen Vertrauensbruch begangen, Mitteilung davon zu machen, und infolgedessen hat es einer der Herren von H. & K. nicht unterlassen können, Hü. davon Mitteilung zu machen, der daraus natürlich den voreiligen Schluß gezogen hat, daß ich unbedingt Kommunist sein müsse. Rechtsanwalt Widmann hat ihm nun versichert, daß es bei der Verhandlung festgestellt ist, daß ich von den Vorgängen nichts wußte...« Diese »Ehrenabschneiderei« läßt Richard Herrmann natürlich nicht durchgehen. Am 12. August 1937 dankt er seinem Chef, Herrn Hü., »... für die Aufrichtigkeit, mit der Sie mir Mitteilung von den verleumderischen Klatschereien gemacht haben, die gegen mich, anläßlich der Angelegenheit meiner Tochter, in Umlauf gesetzt worden sind. ... Im übrigen versichere ich Ihnen ehrenwörtlich, daß ich mich niemals politisch betätigt habe, nie einer politischen Partei angehört habe, nie politische Versammlungen besucht habe und auch niemals andere als gutbürgerliche Zeitungen gehalten habe.« Richard Herrmann schreibt auch von der berechtigten Hoffnung einer Begnadigung seiner Tochter. Rücksichtslos will er gegen alle vorgehen, die seine Ehrenhaftigkeit in Zweifel ziehen. Aber dazu findet er keine Zeit mehr.

Der Chefkonstrukteur der Firma Hahn und Kolb wird entlassen. Nun schreibt er Stellengesuche und kaum noch Briefe an seine Tochter. Auch die Mutter schreibt nicht an Lilo. Sie ist krank. »Wieder die Galle«, erzählt Else. Post von anderen hat Lilo nicht zu erwarten. Niemals wird es Briefe von Diethelm Scheer und Max Burghardt geben.

Beide Männer werden in Gefängnissen festgehalten. Diethelm Scheer mit der Sorge, daß man Lilo aufgrund seiner Aussage verhaftet hat. Max Burghardt mit der Hoffnung, daß Lilo schweigt. Sie darf nicht all die mühselige Arbeit durch einen Satz zerstören. Nicht aus den eigenen Reihen soll das Todesurteil kommen, nicht von einer Gleichgesinnten.

Erst in den sechziger Jahren schreibt Max Burghardt. Sein Buch trägt den Titel »Briefe, die nie geschrieben wurden – Lilo Herrmann zum Gedächtnis«. Er widmet es allen Frauen und Müttern, die im Widerstand gegen Krieg und Faschismus ihr Leben ließen.

Mich führt Max Burghardts Buch in die Irre. Er arbeitet mit erfundenen Namen. Ich kann Personen nicht erkennen und Wirklichkeit und literarische Ausschmückung nicht trennen. Die Briefe, die er in Lilos Namen veröffentlicht, sind fiktive Briefe an Walter. 1977, elf Jahre nach dem Erscheinen des Buches, stirbt Max Burghardt. Über seine kurze Zusammenarbeit mit Lilo, von August 1935 bis zu ihrer Verhaftung im Dezember 1935, kann ich ihn nicht mehr befragen. Das Komitee der Widerstandskämpfer antwortet mir: »Ob der Familie Burghardt weitere Details aus Lilos Leben bekannt sind, bezweifeln wir sehr.« Die gewünschte Adresse erhalte ich nicht. Emmi Wolf, die Leiterin des Friedrich-Wolf-Archivs, gibt sie mir.

Marianne Burghardt, die Frau von Max, lädt mich schon bald nach meinem Schreiben ein. Wir sprechen lange miteinander. In letzter Sekunde erreiche ich meinen Zug. Die ganze Fahrt über lese ich in den Unterlagen, die sie mir anvertraut hat. All das, was Max sammelte, hat sie mir gegeben – ohne Quittung und Rückversicherung.

So lerne ich Helene aus ihren Briefen an Max kennen. Sie wohnt in Heilbronn. Es ist kein Problem für sie, den Wohnsitz von Lilos Sohn ausfindig zu machen. 1966 nennt sie Max die Adresse. Wer kannte sie außer ihm noch? Aus den Unterlagen von Max kann ich dazu nichts erfahren. Aber ich lerne seine Ängste aus der Zeit kennen, als er und Lilo verhaftet waren.

Kann Lilo mein Leben schützen? Hat sie noch die Kraft dazu, da ihre eigenen Tage gezählt sind? Welche Versprechungen haben ihr die Nazis gemacht? Kann sie nach all dem überhaupt noch klar denken? Wird sie sich für Ideale und Träume entscheiden, wenn es an das eigene Leben geht?

In den sechziger Jahren schickt Max Burghardt sein Buch an Walter Herrmann und bittet um ein Lebenszeichen. Lilos Sohn antwortet ihm nicht. Aber Max wird von Maria, Lilos ehemaliger Zellennachbarin, die nun auch in Berlin lebt, zu einem Gespräch eingeladen. Die Einladung von ihr klingt nicht sehr freundlich. Was sie beide besprochen haben, wird niemand mehr erfahren.

Aus den schwer zu entziffernden handschriftlichen Vermerken aus Max' Unterlagen geht hervor, daß er im Institut für Marxismus-Leninismus bedeutend mehr Akten als ich einsehen durfte. Akten, die also existieren und mehr über Lilos Leben aussagen, als bekannt ist. Ich notiere mir die Signaturen, die ich in den Unterlagen von Max entziffern kann, und bitte im Institut um Einsicht in diese Akten. Vor allen Dingen brauche ich die Akte von Maria.

Aus einem Artikel weiß ich inzwischen, daß Maria nach dem Krieg aus einem Konzentrationslager befreit wurde. Dann arbeitete sie in Berlin-Charlottenburg im Referat Opfer des Faschismus. »Ihr Nachlaß wurde im Januar 1978 an das Institut für Marxismus-Leninismus gegeben«, schreibt mir Marias Stieftochter. Auf weitere Anfragen von mir antwortet sie nicht. Der Leiter des Zentralen Parteiarchivs erklärt mir jedoch im Juli 1989, daß Marias Nachlaß erst vor einiger Zeit dem Institut übereignet wurde. Ein Jahr läßt man mich auf die Akte warten.

Wie immer melde ich mich vorschriftsmäßig im Institut an. »Es sind zwei Akten«, sagt mir ein Mitarbeiter. Ich plane einen ganzen Tag Arbeit im Archiv ein. Aber ich bleibe diesmal nicht einmal eine halbe Stunde. In der Mappe, die man mir übergibt, liegen zwei Bücher, die Lilo im Gefängnis für Walter gebastelt und gezeichnet hat. Zwei Bücher – mehr nicht.

»Was soll das, soll das etwa Marias Akte sein?« frage ich die zierliche Frau. Meine Verärgerung verwundert sie: »Das sind doch auch wichtige Dokumente. Es sind Originale.«

In meiner Wut erzähle ich, daß ich bereits seit einem Jahr Farbkopien von jeder Seite dieser Bücher habe. »Von Freunden aus Stuttgart und nicht von euch«, sage ich. Bevor ich weitersprechen kann, wird mir erklärt, daß es streng verboten ist, ohne Genehmigung Materialien aus dem Institut zu verschicken. Die zierliche Frau teilt mir mit, daß der betreffende Genosse zur Verantwortung gezogen wird. »Und außerdem«, sagt sie, »sind wir der Meinung, daß du schon genug weißt.«

Keine Akte von Maria, und ich kann nichts dagegen tun. In jedem Brief aus Stuttgart wird mir Hilfe angeboten. Wo ich zu Hause bin, wird die Unterstützung dosiert oder verweigert. Das Schweigen lähmt mich noch nicht. Es entfacht Wut und Enttäuschung. Auf meinem Schreibtisch liegt eine Kartei mit dem Datum der Postabgänge und Posteingänge. Die Briefe an mich sind alle lange unterwegs. »Schreibe gleich, wenn die Post da ist«, bitten die Freunde aus Stuttgart. Einige Briefe müssen sie zweimal schicken, damit ich sie einmal erhalte.

Auch Lilo wartet auf Post. Die Todesfurcht verkriecht sich. Sie hockt in einer Ecke, wenn die Post da ist.

Endlich wieder ein Brief vom Vater. Ein langer Bericht über »Kine Exakta«, seine neueste Anschaffung. Genauestens beschreibt er Lilo die Brennweite des Teleobjektivs und die Zwischenringe. Nun komm doch endlich nach Hause und sieh sie dir an, meine neue Kamera, liest Lilo zwischen den Zeilen. Der Tod verkriecht sich.

Lilo lebt und schreibt 1937, zwei Tage nach Heiligabend: »Liebe Eltern! Ich danke Euch allen für die letzten Briefe. Das waren die ersten frohen Feierstunden. Es wäre auch mein liebster Wunsch, wieder mit Vater mal zusammenarbeiten zu können. Das traurigste ist nur, daß wir Weihnachten noch in einer Ungewißheit verbringen mußten. Aber den Mut werde ich schon nicht verlieren ...«

Die Eltern sind mit Walter nach Berlin gezogen. Das Kind ist wieder, wie in Stuttgart, so nah bei ihr und doch so fern. Die Mutter hat geschrieben, daß der kleine Walter den Möbelwagen »Löwenwagen« genannt hat. Wie er das Wort ausspricht, träumt Lilo sich zusammen. Sie wüßte gern, wie das Haus aussieht, in dem ihr Kind jetzt aufwächst. Was sieht der Junge, wenn er aus dem Fenster blickt? Wie weit ist das Haus vom Wannsee entfernt? Was hat Walter zu seinem Weihnachtsgeschenk – der Eisenbahn – gesagt? Wie sieht er aus, wenn er staunt? Wie fühlt er sich in der neuen Umgebung? Überall, in allen Zeilen Walter. In jedem Satz das Kind. Wie ist sein Lachen, wie sind seine kleinen Traurigkeiten? Alles andere ist jetzt nicht wichtig.

»Schuhe brauche ich eigentlich noch nicht«, schreibt Lilo. Aber sie bedankt sich sehr, daß die Mutter an diese Dinge denkt. Nur einen Satz schreibt Lilo über ihre Feiertage. Es ist das dritte Weihnachtsfest im Gefängnis. Es gab Äpfel und Pfefferkuchen. Nun ist wieder Haftalltag, aber über ihn berichtet Lilo nichts. Auch das gehört zu den Verboten.

Lilo will leben. Jeder Brief von draußen und jede selbstgeschriebene Zeile helfen ihr dabei. »Nun wünsche ich Euch allen von Herzen, daß Euch das kommende Jahr so furchtbare Aufregungen ersparen möge und Ihr Euern Berliner Aufenthalt in Ruhe genießen könnt. Eure Lilo.« Das neue Jahr, das Jahr 1938, ist fast vier Wochen alt. »Zuerst möchte ich Mutter noch nachträglich alles Gute zum Geburtstag wünschen und daß vor allem sich ihre Gesundheit nachhaltig bessert und sie alles wieder zunimmt, was sie im letzten Jahr abgenommen hat. In meinem Falle habe ich mir ja die größte Mühe gegeben und hab's ja auch erreicht, Mutter damit eine Freude zu machen, daß ich jetzt wieder besser aussehe.« Und für die neuen Schuhe bedankt Lilo sich auch. Aber eine ganz große Überraschung war der Kamm. »Gestern habe ich alles bekommen, was mir Mutter gebracht hat, und mich unendlich darüber gefreut.«

Die Zeilen des Briefes von Lilo sind bemessen. Alle weiteren Worte gehören Walter. Lilo hat von seinen

Ungezogenheiten erfahren. Sie schlägt vor, daß ihr Sohn in einen Kindergarten kommt. Vielleicht lernt er dort, auf andere Rücksicht zu nehmen. Ein Kind braucht Kinder. Lilo bittet, daß die Eltern die Sache mit dem Kindergarten versuchen. Aber sie schreibt auch, daß es dem Walter dort gefallen muß. Keine Gewalt soll sein, nicht für ihr Kind und nicht in der neuen Welt, die Lilo ersehnt. Ein Zwang für das Kind und die Lüge müssen ausgeschlossen sein. Die Eltern sollen sich mit einem Arzt beraten, wenn das Kind die Kälte so scheut. Lilo notiert Kochrezepte, die dem kleinen Gemüsekasper mehr Appetit machen sollen. Wie ist ihr, wenn sie von Salat und von Leber schreibt? »... amüsiert Euch nicht allzusehr über diesen Brief. Versucht bitte meine Vorschläge und schreibt mir bald darüber. Viele herzliche Grüße an Euch alle.«

Lilo übergibt den Brief einer Beamtin. Dann schließt sie die Augen. Sie sieht Walter inmitten von Kindern. Er hat seine Hände auf die Schultern eines Jungen gelegt, der vor ihm geht. Ein kleines Mädchen hinter Walter krallt die Finger in seine Strickjacke. Sie will nicht den Anschluß verlieren. Der Kreis bleibt heil. Ein bunter, singender Kinderreigen. »Hänschen klein ging allein in die weite Welt hinein.« Lilo hört die Kinderstimmen. Sie strengt sich an, versucht ihren Jungen herauszuhören. »Sing doch lauter, Walterle, sing lauter.«

Wie spricht das Kind, wie ruft es, wie schreit es? Ihr Sohn sagt: »Walter Hämann, Trikkat, Höllerlintate.« Der Vater hat es Lilo geschrieben. Doch wie lange ist das her? Wochen, Monate, Jahre? Sie kann sich nicht mehr erinnern.

Am frühen Morgen wird sie von der Beamtin angetrieben: »Beeilung, Herrmann, Beeilung.« Das macht wach und schürt die Angst. Ist wieder ein Verhör angesagt? Die Beamtin beobachtet Lilo. Die Blicke der beiden Frauen treffen sich. Doch Lilo hat längst eine Mauer um sich gebaut. Nur gegen Walters Stimme, die sie manchmal hört, kann sie sich nicht abschirmen. »Hänschen klein ging allein, Mutti, warum?«

Lilo reibt sich mit den Fingerspitzen die Schläfen, lehnt sich müde gegen die Wand. Sie weiß nicht, ob sie ihre Meldung gemacht hat. Die Beamtin weist sie nicht zurecht, sondern übergibt ihr wortlos einen Brief und verläßt die Zelle. Lilo überfliegt die Post von Else.

Die Schwägerin schreibt von der vielen Arbeit und von ihrer Müdigkeit. Über Lilos Sohn schreibt sie: »Walter hat Gewitterfurcht, da hilft alles Erklären nicht.«

Auch Lilo hat Angst. Morgen soll sie gegen Max und die anderen aussagen.

12.
Die Wahrheit

Der Prozeß gegen Burghardt, Tucherow, Bellemann und andere läuft bereits in Stuttgart. Nun wird er unterbrochen. Die Zeugen Lovasz, Steidle und Herrmann müssen vernommen werden – und das in Berlin. Todeskandidaten dürfen nicht auf die Reise gehen. Für diesen einen Tag wurden sie alle aufgespart.

Sind die Zeugen vernehmungsfähig? Aber sicher, dafür hat man Sorge getragen. Der Anstaltsarzt diagnostizierte zwar kürzlich einen Kreislaufkollaps bei der Gefangenen Herrmann, aber das Herz ist gesund. Ein starkes Herz scheint die junge Frau zu haben. Fast hätte der Arzt gesagt, damit können sie hundert Jahre werden.

Die Gestapo ist beruhigt. Die Herrmann hat nach einigen Tage wieder angefangen zu essen. Vielleicht hält sie es nun doch für vernünftiger, vor Gericht Aussagen zu machen. Der Richter verliest die Anklage, ermahnt die Zeugen, die Wahrheit, nichts als die Wahrheit zu sagen. Lilo konzentriert sich auf seinen schwäbischen Dialekt. Lange hat sie diese wohlklingende Mundart nicht gehört. Ruhig antwortet sie, daß Max Burghardt nicht im Abwehrapparat tätig war und nicht als Kurier eingesetzt wurde.

Der Staatsanwalt läßt Lilo kaum ausreden: »Sagen Sie doch wenigstens vor Gericht die Wahrheit.« Lilo bleibt weiter ruhig: »Mein Herr, was wollen Sie von mir? Ich bin für Sie eine Tote, und Tote sprechen nicht mehr.« Der Richter erklärt den Anwesenden, daß der Prozeß in Stuttgart fortgeführt wird. Die Verhandlung ist geschlossen.

Als man Lilo in ihre Zelle zurückbringt, überlegt sie, wie man sie im Gefängnis für ihre Worte vor Gericht strafen wird. Lange muß sie nicht warten. Der Direktor des Frauengefängnisses lehnt es ab, daß Lilo noch weitere Bilder von ihrem Kind erhält. Auch ihr Antrag, bei den Besuchen die eigene Kleidung tragen zu dürfen, wird nicht genehmigt.

Vielleicht, denkt Lilo, ist für mich schon wieder die Dunkelzelle reserviert. Auch das ist zu überstehen. Sie will nur noch die Kraft haben, der Mutter eine einzige Frage zu stellen. Wenn man der Mutter die Besuche verbietet, wird Lilo niemals die Wahrheit erfahren. »Mutter, komm, bitte, nur du kannst es mir sagen. Bitte, komm! Ich quäle mich so.« Jeden Tag sehnt Lilo die Mutter herbei. Nachts versucht sie, sich Märchen für Walter auszudenken. Ob die Mutter ihm das Märchen vom Schaukelpferdchen oft vorliest? »Es war einmal ein kleiner Junge, der hatte ein schwarzes Ponypferdchen, auf dem er überall hinreiten konnte ...«

Lilo kommt trotz der langen Nächte nicht über die ersten Worte eines Märchens hinaus. Es war einmal ... Stimmen zischeln wirr durcheinander: »Wann wirst du nicht mehr sein? Was wird aus deinem Kind? Wird sich dein Volk wehren? Wehren mit eigener Kraft, mit aller Macht, mit Händen und Füßen? Es war einmal. Einmal war.«

Lilo hält sich die Ohren zu. Es wird einmal, sagt sie, ohne die Lippen zu bewegen, einmal wird es ein menschliches Leben geben. Sie ist von diesem Leben ohne Lüge, ohne Krieg, ohne Gewalt, von einem Leben mit einer Gerechtigkeit für alle so fest überzeugt, daß sie gar nicht weiß, wovon sie abschwören soll. Für dieses Ziel würde sie das eigene Leben opfern. »Einmal wird dieses Leben sein«, sagt Lilo laut.

»Es war einmal, es war einmal«, kichern die Stimmen. Irgendwo in einer Ecke sitzt der Tod. Doch bevor er kommt, muß sie mit der Mutter sprechen. Ohne Antwort will Lilo nicht gehen.

Elise Herrmann darf ihre Tochter besuchen. Lilo sieht der Mutter in die Augen. Vieles hat sie vor den Eltern verschwiegen. Es gab nichtauszuräumende Unverständnisse. Aber niemals haben die Eltern sie und Ernst belogen. Nach dem Besuch der Mutter weiß Lilo, daß die Gestapo Walter niemals geholt hat. Die Eltern versprechen, das Kind nicht aus den Augen zu lassen.

Lilo jauchzt nicht. Schon als Kind fiel es ihr schwer, ihre Freude deutlich zu zeigen. Die Mutter kennt sie. Sie hat auch so begriffen, wie erleichtert Lilo über die Antwort war. »Wollen wir hoffen, daß sich das Schicksal zum Guten wendet«, sagt die Mutter zum Abschied. Auch Lilo sucht nach einem Menschen, mit dem sie ihre Hoffnung teilen kann.

Er ist da. Sie hat seine Worte, seine Gedanken. Lilo hat ein Buch von Adalbert Stifter[14]). Er ist Landschaftsmaler und war früher einmal Hauslehrer beim Fürsten Metternich. Ein ehemaliger Inspektor des Volksschulwesens in Oberösterreich, dessen fortschrittliche pädagogischen Pläne bei der Obrigkeit nur Unverständnis einbrachten. Ein Mann, der von seinen literarischen Arbeiten sagte: »Auf Schriftstellertum macht das Vorliegende keinen Anspruch, sondern mein Wunsch ist nur, einzelnen Menschen, die ungefähr so denken und fühlen wie ich, eine heitere Stunde zu machen, die dann vielleicht weiterwirkt und irgendein sittlich Schönes fördern hilft.« Was Adalbert Stifter in seinem Buch schreibt, empfindet auch Lilo.

»... ist doch selbst die glänzendste Tat der Gegenwart eigentlich nur ein Baugerüst der Zukunft und wird abgebrochen, sowie diese Zukunft fertig ist – aber eben darum geht auch nicht das kleinste Körnchen verloren, das in der Gegenwart ein wahrhaft Gutes setzt; denn der ganze Bau der Ewigkeit ruht mit auf diesem Körnchen.«

Eine Brücke zwischen einem Schriftsteller, der nie den Anspruch auf diesen Titel erhoben hat, und einer jungen Frau in der Todeszelle. Groß ist Lilos Hunger nach Worten, die das Gefühl ansprechen und die trotzdem wahr sind.

Jahre mußte sie auf den konspirativen Treffs ihre Sätze verknappen, nur Wesentliches durfte gesagt werden. Es war nicht die Zeit, Sprache zu genießen. Dem Abendrot, dem Morgenlicht konnten keine Worte gewidmet werden. Nun, da Lilo nichts mehr hat als ein paar Tage Leben, klammert sie sich an seine Schönheiten. Sie geht in einen Garten, den Stifter ihr zeigt. Lilo hält Walter bei der Hand, verteilt Ratschläge über die Pflege der Obstbäume im Frühjahr und kümmert sich um die Starenkästen.

Am 17. April 1938 schreibt sie an die Eltern: »Die Schreibweise des Buches ist sehr eigenartig und merkwürdig, aber das merkwürdigste war, als ich zwischendurch Vaters letzten Brief nahm und las, er ebensogut von einer der darin vorkommenden Personen hätte geschrieben sein können, so ähnlich klang er.«

Das Lesen hilft gegen die Angst. Später einmal soll auch der Walter viel lesen – mehr als seine Mutter es getan hat. »Mir hat der Mangel der Fähigkeit, mich richtig auszudrücken, so sehr geschadet, und man kann soviel abhelfen, wenn man in jungen Jahren viel liest«, schreibt Lilo den Eltern.

Durch Klopfzeichen hat Lilo erfahren, daß täglich Protestschreiben eintreffen. Von der Anzahl der Briefe und Karten weiß sie nichts. Von niemandem erfährt sie, daß im Auftrag der Frauenkommission der Union für Recht und Freiheit eine Rechtsanwältin und eine Studentin aus der Tschechoslowakei um Sprecherlaubnis mit Liselotte Herrmann bitten. Sie erfährt niemals, daß Schweizer Arbeiter versuchen, mit dem Vertrauensrat der Firma Bosch zu telefonieren, um ihren Abscheu über dieses Urteil gegen Liselotte Herrmann mitzuteilen. Immer und immer wieder bemühen sie sich um eine Verbindung. Aber die Gestapo weiß es zu verhindern. Die Stuttgarter Telefonzentrale hat ihre Anweisungen bekommen. Lilo erfährt von Flugblättern, die in Deutschland verteilt werden. Niemals wird sie auch nur eins davon sehen – eine gefesselte Frau auf einem mit dem Hakenkreuz geschmückten Schafott, darüber ein Skelett mit Hitlers Gesichtszügen; das Richtbeil ist geschwungen.

Daß sich eine junge Beamtin vor der ersten Begegnung mit der Todeskandidatin fürchtet, steht in der Akte von Maria. Doch erst, nachdem die DDR-Grenzen offen sind, kann ich den darin enthaltenen Bericht einer Gefängnislehrerin lesen.

13.
Die andere

Charlotte Behrends hat Angst, in Lilos Zelle zu gehen. Am 1. 3. 1938 tritt sie ihren Dienst als Oberlehrerin im Frauengefängnis in der Barnimstraße an. Daß sie den Todeskandidatinnen Bücher bringen soll und mit ihnen sprechen muß, erfährt sie erst nach Aufnahme ihres Dienstes. Verunsichert schließt sie die Zellentür auf. Lilo kommt ihr entgegen. Die Frauen reichen sich die Hände. Für Charlotte sind die ersten Minuten dieser Begegnung unerträglich, aber dann sagt Lilo: »Man hat mir Ihren Besuch angekündigt. Ich habe schon auf Sie gewartet.«

Schon bald spricht Charlotte Lilo mit ihrem Vornamen an. Sie hört von den Mauerseglern, die Lilo vom Zellenfenster aus beobachtet. Nein, wirklich nicht, Charlotte hat diese Vögel noch gar nicht bemerkt.

1948 schreibt sie über ihre Begegnungen mit Lilo. »Ohne ihre Fingerzeige wäre ich vielleicht auf so manche ›Kleinigkeit‹, die in dieser Lage sehr wohl tut oder böse Wunden reißt, nicht gekommen.«

Manchmal hören die beiden Frauen von der Zelle aus die Babys schreien, die im Anstaltslazarett geboren wurden. Wenn Lilo dann von Walter und ihrem Neffen spricht, kann Charlotte ihre Tränen nicht verbergen. Lilo tröstet die Oberlehrerin. Die Todeskandidatinnen, die Charlotte Behrends später betreut, erleben sie gefaßter. Das haben sie Lilo zu verdanken, und auch eine von Lilo zusammengestellte Liste über Bücher für zum Tode Verurteilte.

Aber auch Charlotte versucht zu helfen. Bei Neuzugängen sorgt sie dafür, daß die Frauen, die in Lilos Zelle kommen, nichts über ihr Urteil erfahren. Lilo kann die mitleidigen Blicke und die Fragen nicht mehr ertragen. »Jeder Mensch aber«, berichtet Charlotte Behrends, »der zu ihr hineingegeben wurde, erfuhr innerlich eine Wandlung, so tief ging doch ihr Einfluß, der um so größer war, als sie von einer ganz schlichten, warmherzigen, unmittelbaren Menschlichkeit erfüllt war, die auch dem einfachsten Menschen verständlich wurde. Politische Meinungsverschiedenheiten bedeuteten ihr menschlich keine Schranken.«

Auch ich denke so und wurde dafür immer wieder in die Schranken verwiesen.

Ich erinnere mich an das Jahr 1988. Eberhard Jäckel, Professor für Neuere Geschichte an der Universität Stuttgart, veröffentlicht einen umfangreichen Artikel über Lilo. Ich stimme ihm in vielen Dingen zu, bin aber in einer Reihe von Punkten gänzlich anderer Meinung und halte es für notwendig, daß ich ihm das schreibe. Das Abschicken des Briefes wird mir vom Rektor der Hochschule untersagt. Die Begründung lautet: Ich hätte den Ansprechkreis überschritten. Nähere Erklärungen gibt es nicht. Ich schicke den Brief trotzdem ab.

Der Sekretär von Kurt Hager sagt mir, daß ich mit meinem für eine Norddeutsche so untypischen Elan noch einmal kräftig auf die Nase fliege. »Warum wird es mir im Institut so schwergemacht, mehr über Lilo zu erfahren?« frage ich ihn immer wieder. Hagers Sekretär schlägt mir eine Aussprache im Hause des Zentralkomitees oder im Institut für Marxismus-Leninismus vor.

»An dieser Aussprache würden wir gern auch einen Genossen der Hochschule beteiligen. Unser Vorschlag wäre der Prorektor für Gesellschaftswissenschaften oder ein Mitarbeiter des Rektors«, schreibt er mir im Juli 1988. Dieses Gespräch findet nicht statt. Meine Unzufriedenheit mit der Zuteilung von Wahrheiten und der mangelnden Offenheit wird als lästige Ungeduld gesehen. Dabei will ich nur Antworten auf Fragen, die längst fällig sind.

Auch an den Schulen der DDR kann 1988 kaum etwas aus dem Leben von Lilo berichtet werden. Auf dem Plan der Musiklehrer steht das biographische Poem »Lilo Herrmann – Die Studentin von Stuttgart«. Das Poem von Friedrich Wolf[15]) ist Pflichtstoff in der Klasse 9 und gehört nicht zu den beliebtesten Themen bei den Schülern. Es wird ihnen ein Vorbild aufgedrängt. Auch den Lehrern ist der Text zu agitatorisch, aber sie hüten sich, das laut zu sagen. Streng halten sie sich an die vorgeschriebenen Worte, denn mehr wissen sie auch nicht. Die Lehrer zitieren: »Denn du wußtest um unsere Sache.« Eine immer wiederkehrende Zeile aus dem Poem von Friedrich Wolf. Die Sache und das wirkliche Leben klaffen wie die Schnittflächen einer nichtheilenden Wunde auseinander. Darüber zu diskutieren widerspräche dem Lehrplan. Und mit diesem Thema werden viele Lehrer selbst nicht fertig.

Schon 1939 in Frankreich hat Friedrich Wolf sich vorgenommen, von Lilo zu erzählen. »Im Herbst (September) will ich wieder zurück nach der SU, ... Bis dahin muß ich hier noch eine Arbeit beenden, die Geschichte einer deutschen jungen Frau, die gegen Hitler kämpfte ... Ich will zuerst ein Drama daraus machen und dann vielleicht aus demselben Stoff noch einen

Roman, da die außerordentlich komplizierte Lage der heutigen Zwischenschichten in Nazideutschland kaum in einem Drama mit lebhaft treibender Handlung entwirrt und psychologisch klargelegt werden kann.« Doch als Friedrich Wolf 1945 nach Deutschland zurückkehrt, bringt er weder ein Drama noch einen Roman über Lilo mit. Aber er sucht nach ihren Lebensspuren. Trotz großer Bemühungen erfährt er über Lilos Leben nur wenig. Eine Mappe mit Briefen, Protestschreiben und Notizen liegt auf seinem Schreibtisch in Lehnitz. Viel zu wenig Stoff für einen Roman. Am 24. Januar 1950 schließt er ein Poem über Lilo ab. Ich nehme ihn beim Wort, daß es ein biographisches Poem ist. Wolf schreibt, daß Lilos Sohn während einer der Verhöre im Nebenzimmer eingesperrt war. »... denn sie hörte das geliebte Stimmchen: ›Mama, Mama, weshalb kommst du nicht?‹« Doch in einem Brief von Lilos Vater an die Vereinigung der Verfolgten des Naziregimes aus dem Jahr 1947 lese ich: »... und man scheute sich auch nicht, ein Kind dazu zu mißbrauchen unter der unwahren Angabe, daß es ihr eigenes sei, das indessen in unserer Obhut war.« Es ist wohl ausgeschlossen, daß Lilo während der Besuchszeiten mit den Eltern über Vorfälle während eines Verhörs sprechen konnte. Woher ihr Vater die Information hat, bleibt für mich ein Rätsel. Wer hat ihm und Friedrich Wolf darüber berichtet? Was ist in dem biographischen Poem dichterische Ausschmückung, und wo sind die Fakten? Ich glaube Friedrich Wolf, daß Lilo mit ihren Pionieren am Sonntagmorgen ins Neckartal zog. »Lieder lehrtest Du sie, Schwimmen, Zelten ...«

Ich suche nach den ehemaligen Pionieren. Sie müssen noch leben, wenigstens einen von ihnen muß ich finden. Immer wieder schicke ich Briefe nach Stuttgart.

Helft mir bei meiner Suche. Meine Freunde in Stuttgart nennen mich nun das Bohrwürmchen. Im Dezember 1988 erhalte ich von ihnen mein schönstes Weihnachtsgeschenk. »Stell Dir vor, ich habe einen Pionier gefunden, der sich noch an Lilo Herrmann als Pionierleiterin erinnert! Was sagst Du dazu?« Ich sage gar nichts. Ich bin sprachlos und schreibe sofort an den Pionier. Die Antwort kann ich kaum erwarten. Dann endlich kommt ein Brief von mehreren Seiten Länge. »Lieder haben sie damals gesungen. Manchmal nahm Lotte die Kinder mit nach Hause.« Ich stutze bei diesem Namen, und dann sehe ich das beigelegte Foto. Nein, das ist nicht Lilo. Ich kenne ihr Gesicht, obwohl bisher nur drei verschiedene Fotos veröffentlicht wurden.

Ein viertes Foto druckte einmal eine Frauenzeitschrift. Ein kleines Bild. Lilos Haarschnitt und die für sie so typische Brille. Unter dem Foto die Lebensdaten und der Name von Lilo. Aber dieses Lächeln? Es paßt nicht zu ihr. Das kann nicht Lilo sein. Nach mehrmaligen Anfragen wird mir von der Redaktion mitgeteilt, daß die Aufnahme leider eine andere Widerstandskämpferin zeigt. Die Redaktion hat das Bild vom Institut für Marxismus-Leninismus mit unkorrekten Angaben erhalten.

Mit falschen Fotos habe ich meine Erfahrungen. Ich bin mir ganz sicher, daß das Bild, das mir der ehemalige Pionier schickte, nicht Lilo zeigt. Wer aber ist diese Frau? In dem Brief aus Stuttgart taucht immer wieder der Name »Lotte« auf. Von einem Urlaub, den Liselotte Herrmann mit Friedrich Wolf und seinen Söhnen verbrachte, ist die Rede. Bei den Pioniernachmittagen sollen die Wolfbuben fast immer dabeigewesen sein.

Von ihnen lebt nur noch Markus Wolf[16]). Bis 1987 war er Leiter der Hauptabteilung Aufklärung im Ministerium für Staatssicherheit der DDR. Im Westen nannte man ihn den Mann ohne Gesicht. Für mich ist er ein Mann ohne Adresse. Vielleicht kann mir seine ehemalige Frau helfen, zu erfahren, wer Lotte ist.

Emmi Wolf ist Leiterin des Friedrich-Wolf-Archivs in der Nähe von Berlin. Vor Monaten hat sie mir die Mappe gezeigt, die sich Friedrich Wolf vor dem Schreiben des Poems über Lilo zusammenstellte. Sie half mir, die alten Briefe zu entziffern, und versorgte mich mit belegten Brötchen. Beim Abschied versicherte Emmi Wolf mir, daß ich immer wiederkommen kann.

Gleich nach dem Weihnachtsfest 1988 fahre ich zu ihr ins Archiv. »Wer ist diese Frau?« frage ich und zeige mein Weihnachtsgeschenk, das kleine, unscharfe Foto. Emmi Wolf nennt mir den vollständigen Namen, ohne lange zu zögern. Auf ihrem Schreibtisch liegt die neueste Friedrich-Wolf-Biographie, die in den nächsten Tagen in den Buchhandlungen ausgeliefert wird. Emmi Wolf zeigt mir in der Biographie noch mehr Bilder von der Frau, die Lotte heißt und für Lilo gehalten wird. Lotte mit ihren Pionieren 1930 in Stuttgart. Lotte mit ihrer Tochter. Lotte mit Friedrich Wolf in einem Boot.

Mit der nächsten S-Bahn fahre ich nach Berlin. In den Buchhandlungen ist die Biographie entweder noch nicht eingetroffen oder bereits vergriffen. Nach vielen Stunden habe ich in einem Randbezirk Glück. Meinen Zug in Richtung Güstrow bekomme ich an diesem Tag nicht mehr. Erst gegen Morgen bin ich zu Hause. Mir bleiben noch drei Stunden bis zum nächsten Mathematikseminar.

Ich schicke eine Kopie des Bildes von Lotte und ihrer Pioniergruppe an den ehemaligen Pionier. Schon bald kommt Antwort aus Stuttgart. Der ehemalige Pionier hat sich wiedererkannt. Seine Lotte hat mit der bekannten Liselotte Herrmann nichts zu tun. Es fällt ihm schwer, das zu begreifen.

Ich sitze wieder vor dem Poem und versuche es zu entwirren. »Den Bleistift überm Textbuch, eine Holzbank als Soufflierpult, halfst Du den Spieltrupps unserer Jugend bei den Proben ... « Sind auch dies Zeilen, die Lotte meinen und Lilo zeigen sollen? Ich finde niemanden, der mir Lilos Tätigkeit im Spieltrupp bezeugen kann. Es gibt Namenslisten vom Spieltrupp. Lilos Name taucht dort nicht auf. Immer mehr verfestigt sich bei mir der Gedanke, daß Friedrich Wolf Lilo nicht kannte. Wenn es doch Begegnungen mit ihr gab, wie Friedrich Wolf es immer wieder beschrieben hat, dann muß auch Lotte von ihnen wissen. Lotte war doch in der Stuttgarter Zeit, wo es diese einzig möglichen Treffen zwischen Lilo und Wolf gegeben haben soll, Tag und Nacht an der Seite von Friedrich Wolf. Auch die Söhne von Friedrich Wolf müßten sich an Lotte erinnern. Sie hat die Jungen betreut. Vielleicht kann ich das Poem über Lilo deuten, wenn ich das Leben von Lotte kenne. Ich schreibe an Lotte und bitte im Friedrich-Wolf-Archiv um die Adresse von Markus Wolf.

»Markus Wolf hat sich gewünscht«, antwortet Emmi Wolf, »daß alle Post an ihn über das Archiv geht. Schreiben Sie bitte an ihn, d. h. Markus Wolf, an die Adresse des Archivs.«

Ich halte schon lange nichts mehr davon, daß meine Post über Umwege verschickt wird, und suche nach anderen Möglichkeiten. Im Frühjahr 1989 interviewt ein Freund von mir Markus Wolf nach einer Lesung aus dessen Buch »Die Troika«. Auch er schafft es nicht, mir die Adresse zu besorgen, aber er hat eine Telefonnummer für mich. Der Sekretär von Markus Wolf meldet sich. Ich bitte ihn, ein Treffen zu ermöglichen. »Zehn

Minuten«, versichere ich, »nur zehn Minuten, keine Minute mehr und keine weniger. Wenn es sein muß, komme ich sofort.«

Eine Woche später holt mich der Sekretär vom Bahnhof in Berlin-Lichtenberg ab. Es ist ein heißer Tag. Er steht wie verabredet vor dem Blumenladen. Schon von weitem erkenne ich ihn an seinem Fassonschnitt und der athletischen Figur. Er paßt haargenau zu meiner Vorstellung. Wir sitzen im Auto. »In welchen Keller fahren wir, und wann legen Sie mir die Augenbinde um?« frage ich. Er lacht, und mir wird schlecht, weil im Wagen tropische Temperaturen herrschen und ich noch nichts gegessen habe. Nervös fingere ich nach meinem Taschentuch, presse es an den Mund. Endlich halten wir. Der Keller ist ein rege besuchtes Café im Nikolaiviertel der Hauptstadt. Bevor ich Markus Wolf meine verschwitzte Hand gebe, flüstert mir der Sekretär zu: »Zehn Minuten.« Genau diese Zeit brauche ich, um Markus Wolf zu erzählen, woran ich arbeite, wer ich bin und was ich von ihm will. An den Nachbartischen hört man mir interessiert zu. Für eine Antwort ist keine Zeit. Markus Wolf muß zu einer Besprechung. Er bietet mir an, daß ich auf seine Kosten esse und trinke, aber ich ziehe es vor, mit ihm im Auto zu reden. Beschwörend lege ich die Hand auf meinen Bauch, damit mich mein empfindlicher Magen nicht verrät. Wir gehen zum Wagen.

»Sie müssen hinten sitzen«, flüstert mir der Sekretär zu, als er bemerkt, daß ich seinem Chef den Stammplatz wegnehmen will. Fahrten auf Rücksitzen endeten bei mir bisher immer tragisch. Aber ich bin für Erklärungen viel zu erschöpft. Mir wird noch unwohler, als mir Markus Wolf erzählt, daß er sich an keine Begegnung mit Lilo erinnern kann. Alle Hoffnung schwindet. Aber wenn ich schon hinter diesem Mann sitze, will ich ihn auch fragen, warum man es mir in meinem eigenen Land so schwermacht, über Lilo zu recherchieren. »Wahrheiten gibt es nur löffelweise«, fluche ich. »Warum diese Ängste, warum diese Reglementierungen und Heimlichkeiten?«

Markus Wolf muß es doch wissen, aber wie viele, die es auch wissen müssen, rät er mir, nicht aufzugeben, aber viel geduldiger zu sein. Erst auf der Zugfahrt nach Hause frage ich mich wieder einmal, was sich dahinter verbirgt, daß fortwährend Geduld angemahnt wird. Warum meint Markus Wolf im Sommer 1989, daß es mir erst in fünf Jahren gelingen wird, über Lilos Leben zu veröffentlichen?

Ist es das Warten auf den Tod der alten Männer? Freiwillig werden sie nicht abtreten. Bleibt uns nur noch dieser unmenschliche Wunsch? Was sind solche Fragen wert, wenn man darauf keine Antworten erhält?

Mein Magen kommt nicht mehr zur Ruhe. Mein Kopf droht zu platzen, denn ich habe Lotte besucht. Was will ich denn? Ich habe doch immer wissen wollen, was in den dreißiger Jahren in der Sowjetunion geschah. Unter dem Vorwand der Verteidigung der Einheit der Partei führt Stalin einen erbarmungslosen Kampf um seine persönliche Macht. Aufgrund fabrizierter und lächerlich anmutender Anschuldigungen werden Tausende und Abertausende Menschen verschleppt oder ermordet. Informationen, die einer ernsthaften Auseinandersetzung mit der Person Stalin, seiner Politik und seiner Zeit dienen könnten, sind in der DDR nicht zu haben. Lotte ist der erste Mensch, der mir berichtet, wie es in Stalins Lagern war.

Sie erzählt sachlich, mit dem Abstand der Jahre, von den Entsetzlichkeiten, die man ihr angetan hat. Ich fühle mich nach dem Gespräch mit Lotte elend. Bei dem Gedanken, wie und wo ich diese Wahrheiten in der DDR veröffentlichen kann, kommen die Kopfschmerzen wieder.

Inzwischen ist Post von Lotte da. Sie gestattet mir nicht, daß ich über unser Gespräch etwas veröffentliche. Ist der Grund die immer noch große Liebe zu Friedrich Wolf? Will sie nicht, daß man in dem biographischen Poem von ihm entdeckt, wie er in vielen Zeilen nicht Lilo beschrieb, sondern Lotte? Die Schüler würden wissen wollen, wer Lotte war. Aber die Jahre in Stalins Lager sind ein Tabu-Thema. Das weiß Lotte, und sie hält sich mit einer Disziplin daran, die ich nicht begreifen kann. Ich respektiere das von ihr ausgesprochene Schreibverbot. Sie hat viele Jahre ihres Lebens leiden müssen. Ich will ihr nicht auch noch weh tun und streiche ein Kapitel. Meine Fragen bleiben.

Hat Friedrich Wolf jemals nach Lotte gesucht? Er wußte doch, daß sie 1937, wie viele seiner Freunde, unter falschen Anschuldigungen verhaftet wurde. Lotte, die Mutter seiner Tochter Lena. Das Mädchen wurde im gleichen Jahr wie Walter Herrmann geboren. Als er nach Lilo suchte, konnte er doch Lotte nicht vergessen haben.

Lilo – unser Gewissen, unsere Rechtfertigung, daß es auch im Nazireich das Aufbegehren gab. Lottes Leben ist verdrängt und verschwiegen worden. Lilo und Lotte, Lotte und Lilo. Zwei Seiten unserer Geschichte.

In der DDR gibt es nur eine Seite. Warum man hier die Verbrechen des Stalinismus totschweigt, möchte ich von Markus Wolf wissen. Er hat doch damals in der Sowjetunion selbst gefürchtet, daß sein Vater unter fadenscheinigen Gründen verhaftet wird. Seine in der Friedrich-Wolf-Biographie veröffentlichte Erklärung, »daß man das als etwas Abwegiges, mit der Idee, mit der Entwicklung des Sozialismus und Kommunismus nicht zu Vereinbarendes gesehen hat, etwas, das vorbeigehen muß und das vorbeigehen wird«, ist mir viel zu unpersönlich. Ich will mehr zu diesem Thema wissen. Lotte hat mir erzählt, was sie erlebt hat, und von Markus Wolf hoffe ich es auch. Wen kenne ich denn schon, der über diese Zeit aussagen will?

Im Dezember 1989 schicke ich deshalb ein Telegramm an ihn. Habe ich mich damit selbst auf die Liste der Leute gesetzt, die für den Verfassungsschutz interessant sind? Jedenfalls kann ich mir nicht erklären, weshalb sich kurz danach ein Mitarbeiter des Verfassungsschutzes in einem Westberliner Amt nach meiner Person und nach dem Anliegen meiner Recherchen in Sachen Lilo erkundigt.

Zu einem Gespräch mit Markus Wolf kommt es nicht. Mitte Dezember 1989 schreibt er mir, daß Lilo zu den Widerstandskämpfern gehört, deren Schicksale zugleich bewundernswert und tragisch sind und ihn deshalb aus vielerlei Gründen besonders berühren. Erst im Januar erhalte ich diesen Brief.

Kurze Zeit später schickt mir Lilos Enkelin wieder Kopien von Briefen, die die Eltern an Lilo schickten. Zeilen voller Hoffnung. Sie wollen nicht glauben, daß Lilo sterben muß. Selbst am Tag der Hinrichtung sind sie noch überzeugt, daß sich das Schicksal zum Guten wenden wird.

14.
Nachtausgabe

14. Juni 1938. »Geheim! In der Strafsache gegen die durch rechtskräftiges Urteil des Volksgerichtshofs vom 13. Juni 1937 wegen Unternehmens des Landesverrats und Vorbereitung zum Hochverrat zum Tode und zum dauernden Verlust der bürgerlichen Ehrenrechte verurteilte Liselotte Herrmann habe ich beschlossen, von dem Begnadigungsrecht keinen Gebrauch zu machen, sondern der Gerechtigkeit freien Lauf zu lassen.« Es unterschreiben der Führer und Reichskanzler Adolf Hitler und der Minister der Justiz Dr. Gürtner. Am 19. Juni holt eine Beamtin Lilo aus der Zelle. Langsam zieht Lilo sich die Drillichjacke an. Sie setzt die Brille auf. Sie spürt, wohin es geht. In viele Augen sieht sie. Sie kennt die leeren Blicke der Beamtinnen, die ihre Arbeit ordentlich, pünktlich und gewissenhaft verrichten. Ohne Ausdruck sind die Augen. Keine Freude spiegelt sich in ihnen, nicht einmal Haß und Entsetzen schon gar nicht, aber Lilo sieht auch Augen, die mit verachtender Kälte auf sie gerichtet sind.

Wann ist es endlich soweit? Wann wird die Verräterin hingerichtet? Wann endlich? Nein, diese stechenden Blicke gehen ihr nicht unter die Haut. Sie tun ihr nicht weh. Schlimmer sind für Lilo die Augen, die ihr Unsicherheit und einen Anflug von Mitleid zeigen. Hilflose Blicke von Beamtinnen, die zu Hause zusehen würden, wenn der Mann das eigene Kind schlägt. Aber

Ungezogenheiten müssen eben bestraft werden. Das war schon immer so. Am liebsten würden sie sich Augen und Ohren zuhalten.

Vorsichtig langen Arme nach Lilo, als müßte sie gestützt werden. Weg, nur weg damit. Sie will nicht berührt werden. Die wenigen Schritte Leben will sie ganz allein gehen. Sie wird nicht jammern, nicht schreien, sich nicht an die Uniformen der Beamtinnen klammern. Man muß sie nicht in das Auto schleifen. Noch für ein paar wenige Stunden möchte sie spüren, daß sie lebt.

Lilo wird nach Berlin-Plötzensee überführt. Auch der Scharfrichter Friedrich Hehr ist auf Reisen – von Hannover an seinen Arbeitsort in Plötzensee. Es wurde versäumt, ihm den beantragten Reisekostenvorschuß zu zahlen. Aber die Schreiben an besonders verdienstvolle Parteigenossen sind herausgegangen. »Der Zutritt zu der Verurteilten ist Ihnen gestattet. Nach § 454, Abs. 3 StPO ist Ihnen ferner gestattet, der Vollstreckung des Urteils beizuwohnen. Falls Sie dies beabsichtigen, bitte ich Sie, sich spätestens eine halbe Stunde vor dem angegebenen Zeitpunkt in dem Gefängnis Plötzensee einzufinden (dunkler Anzug). Ich übersende Ihnen in der Anlage eine Einlaßkarte mit der Bemerkung, daß Sie zur strengsten Geheimhaltung der bevorstehenden Hinrichtung verpflichtet sind. Falls Sie von der Einlaßkarte keinen Gebrauch machen wollen, bitte ich, diese zu vernichten.«

Die Schreiben nehmen kein Ende. Aus Anlaß der Vollstreckung des Todesurteils gegen Liselotte Herrmann werden der Geschäftsstelle der Reichsanwaltschaft beim Volksgerichtshof 120 Reichsmark als Sonderverfügungskosten für Scharfrichter und Gehilfen gemeldet sowie 2,18 Reichsmark Verpflegungskosten.

Die Kosten für die Benutzung des Dienstkraftwagens, der Lilo von der Barnimstraße nach Plötzensee bringt, sind den Eltern schon in Rechnung gestellt.

Lilo lebt, aber durch Rohrpost ist bereits angeordnet: »Die Leiche überlasse ich dem anatomisch-biologischen Institut der Universität Berlin zu Lehr- und Forschungszwecken und weise darauf hin, daß ihre Herausgabe an die Angehörigen und die Erteilung irgendeiner Auskunft an diese unzulässig ist. Ich ersuche schließlich, für strengste Geheimhaltung Sorge zu tragen und mir den Eingang dieses Schreibens unter der persönlichen Anschrift des Staatsanwalts oder in geeigneter Form fernmündlich während der Dienststunden zu bestätigen.«

Noch lebt Lilo. Noch ein paar Atemzüge, bevor das Fallbeil in den Nacken schlägt. Der Vollstreckungsraum ist hell erleuchtet. Im vorderen Teil des Raumes steht ein schwarz verhangener Tisch. Ein schwarzer Vorhang verdeckt das Fallbeil. Vertreter des Gefängnisvorstandes, der Anstaltsarzt, der Geistliche, Scharfrichter und Gehilfen sowie die geladenen Gäste betreten den Raum. Zwei Wachtmeister bringen Lilo herein. Ihre Hände sind auf dem Rücken gefesselt. Die Tür wird geschlossen. Noch einmal hört Lilo ihr Urteil. Der Staatsanwalt beauftragt den Scharfrichter, seines Amtes zu walten. Der Vorhang vor dem Fallbeil wird zurückgezogen. Die Gehilfen des Scharfrichters treten an die Stelle der Wachtmeister und legen Lilo mit entblößtem Nacken unter das Fallbeil. Ein dumpfer Aufschlag. Scharfrichter Hehr meldet, daß das Urteil vollstreckt ist. Der Arzt bestätigt den Tod. Der Geistliche bittet um ein Gebet. Der schwarze Vorhang wird geschlossen. Für die anzufertigende Niederschrift über den Vollzug der Hinrichtung werden die Zeit vom Eintritt Lilos in den Raum bis zur Übergabe an den Scharfrichter sowie die Zeit bis zu seiner Meldung auf die Sekunde genau notiert.

Die Berliner Illustrirte berichtet in ihrer Nachtausgabe vom 20. Juni 1938: »Kommunistische Umtriebe – Vier Verräter wurden heute hingerichtet. Die Justizpressestelle beim Volksgerichtshof teilt mit: Der 36jährige Stefan Lovasz, der 30jährige Josef Steidle, die 28jährige Lilo Herrmann – diese drei aus Stuttgart – und der 31jährige Artur Göritz aus Manzell sind heute morgen hingerichtet worden.«

Für Elise und Richard Herrmann gibt es keine offizielle Nachricht von der Vollstreckung des Todesurteils. Warum auch? Überall steht es schwarz auf weiß. Der Oberreichsanwalt hat angeordnet, daß ein Anbringen der Plakate an Stellen, »die dem Publikum allgemein zugänglich sind, wegen des mit der Bekanntmachung verfolgten Zwecks einer Anheftung in Büroräumen vorzuziehen ist.«

Alle können es lesen. Eure Tochter wurde hingerichtet. Begreift ihr, was euch der Anstaltspfarrer Dr. Schrader am Nachmittag des 21. Juni 1938 erzählt? Wie sollt ihr das verstehen können? Warum nur? Keine Begnadigung – aus und vorbei.

»Wären nur nicht diese tausend Bittgesuche gewesen«, sagt Richard Herrmann, »vielleicht wäre dann alles anders gekommen. Hätte Lilo nur anders gelebt, anders gedacht und gefühlt. Niemand hätte sie uns dann nehmen können. Warum denn nur? Warum mußte alles so kommen?«

Später, viel später, nachdem der Aushändigung zugestimmt wurde, schickt man den Eltern Lilos Koffer, ihre

Briefe, die Fotografien, die Brille und ihr Guthaben von 13 Reichsmark und 5 Pfennigen. Anbei die Rechnungen. Auch die von Berek, der Berliner Anschlag- und Reklamewesen GmbH für die schwarzrote Todesanzeige auf den Plakaten. 44 Reichsmark sind zu zahlen. Die Sargkosten betragen 26 Reichsmark.

Die Briefe der Eltern sind zurückgekehrt. Liebe Lilo, würden uns so freuen, wenn du wieder zu Hause wärst, das Schicksal muß sich zum Guten wenden. Wohin mit solchen Worten? Alle Hoffnungen zerschlagen, erschlagen, tot. Wohin mit all den Briefen? Die Kraft fehlt, die Bögen auseinanderzufalten. Die Finger können nicht mehr die Schriftzüge entlanggleiten.

Alles muß fort – auch die Briefe von Lilo. Eine Bitte, geschrieben im Juni 1937: »Meine Wünsche möchte ich Euch ja gern alle schreiben. Aber ich habe so wenig. Nur einen hätte ich doch noch. Und das habe ich mir lange überlegt. Ich möchte den Walter doch mal gern sehen ... Ich glaube aber, es würde ihm später fehlen, wenn er so gar keine Erinnerung hätte.« Wer kann das lesen? Die Briefe, die Märchen, die Fotos, die Zeichnungen, die Schulhefte, die Studienbücher – alles muß fort. Erinnerungen werden gebündelt, begraben in Kisten und Kartons, auf dem Dachboden versteckt. Aber wohin mit dem Schmerz und den Tränen?

»Mama weint«, sagt Walter und blickt zu Elise Herrmann. Die Familie sitzt am Abendbrottisch. Es gibt Kräutertee und gallenfreundliche Kost für alle. »Ja«, flüstert Elise Herrmann und legt die Arme um das Kind. Der Junge weiß nicht, daß die Mama die Großmama ist. Er darf es nicht wissen. Richard und Elise wollen dieses Kind nicht auch noch verlieren. Und so bespucken ihn später seine Mitschüler nicht. Kein Lehrer quält den schmächtigen Jungen. Warum denn auch? Er ist das Kind eines selbständigen Ingenieurs und einer Hausfrau. Nur manchmal sagen die Mitschüler: »Deine Eltern sind aber alt.« Walter reagiert mit einem Schulterzucken. An den warmen Tagen tobt er mit den Kindern im Garten. Nur auf dem Dachboden, wo Lilos Briefe ruhen, dürfen sie nicht spielen. »Dort habt ihr nichts zu suchen«, sagt Richard Herrmann.

15.
Suchen

Ihren Schmerz wollen die Eltern allein tragen. Nichts macht das Leid kleiner – auch große Worte nicht. »Lilo Hermann – eine wahre Heldin unseres Volkes«, schreibt Friedrich Wolf 1946 in einem Artikel. Die Eltern lesen ihn nicht. Sie wissen nicht, daß Wolf hier zum erstenmal davon spricht, daß Lilo die erste deutsche Frau und junge Mutter war, die 1938 von den Nazis hingerichtet wurde.

Von nun an wird diese Rangfolge beibehalten. In allen Artikeln und Geschichtsbüchern bleibt Lilo über 40 Jahre lang die erste. Welch ein Zeugnis wird damit den Nationalsozialisten ausgestellt? Begannen sie so spät mit dem Morden? Was hatten die 15 Frauen verbrochen, die vor Lilo hingerichtet wurden? In den statistischen Jahrbüchern des Deutschen Reiches aus den Jahren 1933 bis 1936 sind die Zahlen der Hinrichtungen exakt benannt. Wissen die Historiker der DDR nicht, daß bereits 1935 zwei Sekretärinnen wegen Landesverrats hingerichtet wurden? Haben sie niemals nach solchen Angaben gesucht?

Jedes Jahr wiederholen sie die Behauptung, daß Lilo die erste Frau war, die von den Nazis hingerichtet wurde. Haben sie jemals gefragt, was aus dem Sohn geworden ist, oder stellen nur Kinder diese Frage?

»Lebt Lilos Sohn noch?« wollen Jungen und Mädchen in der DDR wissen, wenn sie das Poem von Friedrich Wolf in der Schule hören. Die Musiklehrer zucken mit den Schultern. Es ärgert sie, daß sie so gar nichts sagen können. Einige fragen bei Zeitungen und Verlagen an.

Von einer Antwort an einen Musiklehrer weiß ich. Sie kommt im Juni 1988 von der Zeitung der Freien Deutschen Jugend, »Junge Welt«.

»Jedes Jahr, wenn im Musikunterricht das Melodram ›Lilo Herrmann‹ behandelt wird, erhalten wir von Schülern und Lehrern zahlreiche Anfragen, was aus dem Kind von Lilo Herrmann geworden sei. Nun kann man nicht grundsätzlich voraussetzen, daß Kinder von Antifaschisten im Sinne ihrer Eltern weiterwirken ... Der inzwischen 54jährige lebt entweder in Stuttgart oder Wien. Da zu Walter Herrmann kein Kontakt besteht, können wir auch keine weiteren Auskünfte erteilen.«

Mir werden noch ganz andere Orte genannt. Die zierliche Frau aus dem Institut für Marxismus-Leninismus schreibt mir, daß Walter in den USA lebt. Im Friedrich-Wolf-Archiv spricht man von Moskau. Andere erzählen mir, daß Walter nach England verzogen ist. Nur die Mitarbeiter des Komitees für Widerstandskämpfer und des Ministeriums des Innern wissen nichts, absolut gar nichts. Walter scheint überall und nirgends zu sein.

Ich werde ihn schon finden. Immerhin kenne ich 1987 einige Lebensdaten von ihm.

1934 wurde Walter in Berlin geboren. Noch im gleichen Jahr ging Lilo mit ihm nach Stuttgart. 1937 zogen Walter und seine Großeltern nach Berlin. Der letzte Brief von dort, den ich kenne, stammt aus dem Jahr 1946. Richard Herrmann schreibt auf Bitten der Vereinigung der Verfolgten des Naziregimes: »Walter ist jetzt 13, äußerst rührig und technisch hervorragend begabt. Er wird es zu einer guten Lebensstellung bringen.«

Ich schreibe einer Freundin, daß sie ihren in Westberlin lebenden Sohn bitten soll, bei allen anzurufen, die Herrmann heißen. Nach Wochen kommt eine Nachricht von ihr. »Fast jeder in Westberlin hat ein Telefon, und fast jeder Zehnte scheint diesen Namen zu tragen. Werde konkreter! Was ist er?«

Ich muß raten. Dann endlich im Februar 1988 wird mir Walters Adresse durchs Telefon genannt. Ich schreibe ihm noch am gleichen Abend. Jede Woche schreibe ich ihm. Zum Geburtstag schicke ich ihm ein Telegramm. Ich werde ihn nicht in Ruhe lassen. Nur anrufen werde ich nicht. Ich habe Angst, daß Walter Herrmann einfach auflegt.

Ich fahre noch einmal in das Institut in Berlin. Ein ganzes Paket voller Fragen habe ich. »Habt ihr Walter nie gesucht? Wo stammen die Briefe von Lilo her, die in den siebziger Jahren veröffentlicht wurden?« Die zierliche Frau antwortet mir nicht. »Hat Maria euch die Briefe gegeben? Ihr habt doch mit ihr gesprochen, als sie noch lebte.« Ich bekomme keine Antwort.

Die zierliche Frau sieht mich unsicher an: »Ich kann nichts sagen.« Sie spricht von gewissen Akten, die noch verschlossen sind. Ich müßte das doch einsehen. Und vor allen Dingen rät sie mir, viel geduldiger zu sein. »Aber Marias Augenfarbe«, sage ich, »dürfte ich die wenigstens wissen?«

Auch Walter Herrmann spricht von Maria. Es ist der einzige Name, den er mit seiner Mutter in Verbindung bringen kann. Doch das erfahre ich erst viel später. Erst einmal stapeln sich 1988 auf seinem Telefontisch meine Karten. »Schreib ihr doch endlich«, bettelt Birgit, Walters älteste Tochter. Kopfschüttelnd legt sie eine weitere Karte von mir zu den andern. »Dann schreib du ihr doch«, sagt Walter.

Im Juli 1988 kommt der erste Brief von Birgit. »Sie sehen, wir haben weder Sie noch den 50. Todestag von Lilo Herrmann vergessen ...« Ich soll nicht böse sein, daß so lange keine Post kam. Es klingt wie eine Entschuldigung, daß ihr Vater sich noch nie für Politik interessierte. »Er wird ihnen nichts über Lilo erzählen können, weil er nichts über sie weiß«, schreibt Birgit. Aber sie hat Kisten auf dem Dachboden gefunden. Die Briefe, die Märchen, die Zeichnungen und die vielen Fotografien.

»Kommen Sie«, schreibt Birgit. »Sie können sich alles ansehen. Wir freuen uns auf Ihren Besuch.« Ich verspreche, daß ich sofort die Reise beantragen werde. Wo und wie, weiß ich selbst noch nicht.

Dem Rektor meiner Hochschule habe ich den Kontakt zu Walter Herrmann nicht gemeldet. Meine Briefe an ihn und die Post von seiner Tochter habe ich nicht vorgelegt. Wer gegen Weisungen verstößt, wird gemaßregelt und nicht mit einer Reise belohnt.

Ich schreibe an den Sekretär von Kurt Hager. »Ich muß nach Westberlin.« Lange kommt keine Antwort von ihm. Als ich ihn anrufe, sagt er mir, daß ich endlich etwas geduldiger sein muß. Monatelang schreibe ich ihm. Immer wieder der gleiche Satz: »Ich muß zu Walter Herrmann.« Schon längst habe ich keine Hoffnung mehr. Aber ich will auch nicht aufgeben. Auf mich warten einmalige Dokumente. Noch einmal rufe ich den Sekretär von Hager an und erfahre, daß wir uns bald in Güstrow sehen werden. Von meiner Reise sagt er kein Wort.

Im April 1989 begleitet er Kurt Hager bei einem Besuch an der Hochschule. Studenten haben um ein Gespräch gebeten. Doch bevor Hager kommt, wird die

Protokollstrecke gewischt, gewienert und frisch gestrichen. Nur neue Tapeten gibt es nicht. Jeder Zentimeter des Weges ist genau geplant. Zwei Sätze zur Traditionspflege an der Hochschule – mehr nicht, lautet mein Auftrag. Zwei Tage vor dem »hohen« Besuch befragen mich der Rektor und sein erster Prorektor. Mit finsterer Miene sitzen sie vor mir: »Uns wurde eine Information gegeben, daß sie für den Besuch des Genossen Hager etwas geplant haben, was nicht mit uns abgesprochen ist.« Der Rektor spricht von einer Kabarettnummer. Wer so einen Unsinn erzählt, erfahre ich nie.

Die Protokollstrecke ist abgesichert. Zwei Studenten in FDJ-Hemden stehen breitbeinig vor der Flügeltür. Die Funktionäre aus dem Bezirk und dem Kreis sind angetreten. Eine Gruppe von Männern in dunklen Anzügen schreitet durch das Haus. Händeschütteln an den vorgeschriebenen Punkten. Dann bin ich an der Reihe. »Wie war das damals in Stuttgart, als Hitler seine erste Rundfunkrede hielt?« frage ich. »Ein westdeutscher Autor schreibt, daß es Ihre Idee war, das Kabel zu zerschneiden.« Hager schüttelt den Kopf. Nein, seine Idee war es nicht. »Aber es war eine gute Idee, und sie könnte deshalb von mir sein«, sagt er und lacht. Nun lachen alle. Ich lächle auch und frage weiter nach den Artikeln, die er 1930 mit Lilo geschrieben hat. Doch er kann sich nur noch an das Format der Zeitschrift erinnern, die bisher nicht aufgefunden wurde. Die Art und die Anzahl der vorgeschriebenen Sätze habe ich längst überschritten.

Fünf Minuten, nachdem ich Kurt Hager meine Hand zur Verabschiedung gereicht habe, sagt mir der Sekretär, daß ich zu Walter Herrmann fahren kann. Die Reise soll ich beim Rektor der Hochschule beantragen. Die Bezirksleitung wird mein Vorhaben unterstützen. »Ich komme, ich komme schon bald«, schreibe ich an Familie Herrmann. Dann gehe ich zur Polizei. Die Beamtin unterbricht mich schon nach den ersten Sätzen. »Sie können nur zu Verwandten und zu besonderen Anlässen fahren. Das müßte Ihnen doch bekannt sein.« Ich rede weiter, und die Beamtin verdreht die Augen. Sie schickt mich zu ihrem Vorgesetzten. »Der wird Ihnen auch keine Genehmigung geben«, höre ich hinter meinem Rücken. Nach einer langen Wartezeit und einem kurzen Gespräch bestätigt sich dieser Satz. Ich rufe bei einem Sekretär der Bezirksleitung an. Er ist entsetzt, daß ich bereits bei der Polizei war. So schnell, wie ich handle, könne keine Bezirksleitung reagieren. Ich möge bitte schön keine ungeplanten Aktionen mehr starten.

Ähnliches teilt mir der Rektor mit. »Sie beschäftigen das ganze Haus«, sagt er vorwufsvoll. Einen Tag später erhalte ich von ihm ein Schreiben. Erstens wird der Reiseantrag von ihm und der Hochschulparteileitung unterstützt. Zweitens ist mit der Bezirksleitung der Partei abgestimmt, daß die Reise erfolgen kann. Drittens möchte ich mich mit der Abteilung Sicherheit der Bezirksleitung in Verbindung setzen. Punkt drei wird mir noch einmal mündlich mitgeteilt.

Der Mann von der Sicherheit gibt mir zu verstehen, daß es durchaus nicht unkompliziert ist, mir zu helfen. Eine Bestätigung als Reisekader würde noch viele Monate in Anspruch nehmen. »Ich muß sofort fahren«, erkläre ich. Für das Wort sofort ernte ich ein spöttisches Lächeln. »Haben Sie keine Verwandten in Westberlin?« fragt er. Ich erzähle von einer Cousine, von der ich nur den Namen weiß. »Wir werden uns bemühen, daß Sie in drei Wochen fahren können«, erklärt mir der Mann von der Sicherheit. Ich nicke nur noch, als man mir mitteilt, daß ich mein Manuskript nicht mitnehmen darf. Ich soll keine öffentlichen Einrichtungen besuchen und darf keine Interviews geben. Ein Besuch bei der Cousine wird als nicht notwendig erachtet. Länger als drei Tage möge ich nicht bleiben, und auf jeden Fall soll ich auch erst in drei Tagen wieder zur Polizei gehen.

Die Polizistin erwidert meinen Gruß mit den Worten: »Schon wieder Sie.« Ich bitte sie, noch einmal ihren Chef anzurufen. »Dann klärt sich alles«, sage ich selbstsicher. Als sie die Nummer ihres Vorgesetzten wählt, zittern ihre Hände vor Wut. Donnernd legt sie den Hörer auf. »Wollen Sie mich provozieren, oder was planen Sie hier?« Als ich hinausgehe, flucht sie noch immer, und mir wird schlagartig bewußt, daß ich einen Tag zu früh gekommen bin.

Einen nochmaligen Auftritt bei der Beamtin vermeide ich. Ich gehe gleich zu ihrem Vorgesetzten. Unmittelbar vor meiner Reise kann ich mir mein Visum abholen.

Am Grenzübergang starrt der Zollbeamte lange auf meine Liste der Geschenkartikel. Was wird passieren, wenn ich meine Tasche auspacken muß und er das Manuskript und die Kopien von Dokumenten findet, die ich Walter Herrmann zeigen will? Mir bricht der Angstschweiß aus. Doch er deutet mir mit einer Kopfbewegung an, daß ich weitergehen soll. An einem Schalter zeige ich meinen Paß vor, eingekeilt zwischen den hohen Wänden bekomme ich Platzangst. Wie durch ein Nadelöhr schiebe ich mich und meine Reisetasche durch den schmalen Gang. Die Pendeltür schlägt mir ins Kreuz. Ich erwarte weitere Kontrollen. Erst als Birgit plötzlich vor mir steht, begreife ich, daß ich längst in einer anderen Welt bin.

Briefe, Märchen, Zeichnungen und Fotografien. »Sehen Sie sich alles an«, sagt Birgit. Vor mir stehen die

Kisten und Kartons. Ich will alles lesen und weiß nicht, wie ich das in den wenigen Tagen schaffen soll. Abends erzähle ich Walter Herrmann, was ich aus dem Leben seiner Mutter weiß. Auch Birgit und Walters Frau sitzen dabei. Auf den vielen Fotos sind Menschen, die wir alle nicht kennen. »Du warst ja niedlich«, sagt Birgit und hält ein Kinderbild ihres Vaters in den Händen. Walter schmiegt sich an seine Großmutter. Elise Herrmann in einem Kleid mit weißem Spitzenkragen, die Haare frisch gelockt. Sie ist ganz auf den Fotografen konzentriert und erwidert die Liebkosungen des Kindes nicht. Schnell legt Walter das Foto auf den Stapel zurück.

»Wer war Stachos?« frage ich und lese aus einem Brief vor, den dieser Mann am 31. Dezember 1929 um acht Uhr abends an Lilo schrieb. »... wäre es für mich das schönste Glück, Dich bei mir zu haben. Ich bin der Meinung, daß diese Stimmung durchaus nicht spießerhaft ist. Denn warum sollen wir als zwei junge Menschen uns nicht auch freuen und glücklich sein?«

Walter sieht mir über die Schulter. Ich stöhne über die Schrift von Stachos. Walter, seine Frau und ich entziffern ein Gedicht von Morgenstern und die Frage, ob Lilo von der wunderbaren Demonstration am Heiligabend gelesen hat. »Meine Gedanken sind oft bei Dir«, liest mir Walter vor. Wer Stachos ist, wissen wir nicht. Nur die wenigen Briefe von Maria wecken bei Walter Erinnerungen. »Maria ist schon lange tot«, erzähle ich. Daß ich ihre Akte bisher nicht sehen durfte, sage ich nicht.

16.
Die Nachricht

1946 erfährt Walter, daß seine Mutter von den Nazis umgebracht wurde – Liselotte Herrmann, eine Kommunistin. Zum ersten Mal hat dieses Wort etwas mit seiner Familie zu tun. Maria sagt es ihm. Nachdem sie aus dem Konzentrationslager befreit ist, sucht sie nach Walter.

Durch Lilos Klopfzeichen im Stuttgarter Gefängnis hat sie von dem Kind erfahren. Sie hat Lilo versprochen, daß sie sich um Walter kümmern wird. »Mit großer Freude«, schreibt Maria 1946 an Lilos Vater, »habe ich Ihren Brief vom 28. Januar erhalten. Wie lange habe ich Sie gesucht! In Stuttgart habe ich alle unsere Freunde gefragt, ob sie nicht wissen, wohin Liselottes Familie gekommen ist. Niemand wußte es. Und nun endlich habe ich Nachricht ... Ich komme sehr bald.«

Bei einem ihrer Besuche bringt Maria einen Fotografen mit. Elise gibt Walter den weißen Strickpullover. Der Junge soll gut aussehen, wenn er in die Zeitung kommt. Der Fotograf reicht dem Kind einen schön geformten Schneeball. »Das wird eine gute Aufnahme«, sagt Maria. Walter lacht. Als Maria ihm erzählt, daß er bald zur Kur und in ein Ferienlager fahren wird, sieht der Junge sie mißtrauisch an. Soll er schon wieder fortgeschickt werden? Für wie lange diesmal? Er hat noch nicht vergessen, daß er im August 1943 mit dem Kindermädchen Martha nach Arnstadt fahren mußte.

»Alle Kinder müssen jetzt Berlin verlassen«, erklärte Richard Herrmann ihm. »Wir holen dich bald zurück«, tröstete Elise. Erst nach Kriegsende, zwei Jahre später, konnte Walter wieder nach Hause. Ein einziges Mal besuchten ihn die Großeltern, die er damals noch für seine Eltern hielt. Auch Post gab es in den zwei Jahren kaum für ihn. Seit er wieder zu Hause ist, hört er immer öfter den Satz: »Ich muß mich um den Jungen kümmern.« Walter spürt, daß er den alten Leuten eine Belastung geworden ist.

Als Maria plötzlich auftaucht, ist alles anders. Sie freut sich über ihn wie über einen lange gesuchten Schatz. Immer wieder will sie den Jungen ansehen. Sie jammert nicht, daß Walter eine neue Hose braucht. »Du wirst alles bekommen«, sagt sie. Tatsächlich kommen Pakete mit Süßigkeiten und Kleidung. Einmal ist sogar ein Paket aus Amerika dabei, und hinter all dem steckt Maria. Sie hat immer Zeit für ihn. Maria lädt Walter zu sich nach Hause ein. Immer wieder hält sie ihm den Kuchenteller hin. »Iß nur, iß, mein Kind«, sagt sie. Walter langt zu, bis ihm der Magen schmerzt. Die Großmutter wird ihm am Abend schon einen Kräutertee kochen.

Maria hat auch dafür gesorgt, daß Walter im Dezember 1946 einen Ausweis bekommt, mit dem er vom Magistrat der Stadt Berlin als Opfer des Faschismus anerkannt wird. Sie arbeitet in diesem Referat beim Bezirksamt Charlottenburg und hat im Oktober die erforderlichen Angaben zusammengetragen. »Bis bald«, sagt Maria und streichelt Walter über den Kopf. Doch Maria meldet sich nicht mehr.

Walter sitzt zu Hause und grübelt. Hat er sie verärgert? Bei ihrem letzten Besuch erzählte sie, daß es bald eine Pionierorganisation geben würde. Aber Walter will dort nicht mitmachen. Die Großeltern sind auch dagegen. Sie hatten das Kind in die HJ geben müssen. »Geht das jetzt schon wieder los?« sagte Richard Herrmann ärgerlich. Er sah nicht, wie entsetzt Maria ihn ansah.

Seit dem Oktober 1948 meldet sich Maria nicht mehr. Es ist schon wieder Krieg – kalter Krieg. Lange wartet Walter auf eine Nachricht von ihr. Doch Maria kommt nie mehr. 1951, nach dem Tod von Richard Herrmann, sucht Ernst in den Papieren nach Belegen über die Verurteilung seiner Schwester. Durch das Wiedergutmachungsgesetz könnte er Ansprüche für seinen Neffen anmelden. »Hat man euch damals nichts geschickt?« fragt Ernst die Mutter. »Nein«, sagt Elise, »am 21. Juni kam der Anstaltspfarrer, Herr Schrader. Er sollte uns die Todesnachricht überbringen. Wir haben es nicht glauben können, und am Nachmittag stand es in der Zeitung.«

Ernst schreibt am 19. 8. 1951 an Lilos ehemaligen Verteidiger. »Ich wäre Ihnen dankbar, wenn Sie uns über die erste Zeit der Verhaftung und über Ihren Besuch hier in Berlin bei meiner Schwester einen verbindlichen Bericht oder eine andere Unterlage geben könnten.« Mit vorzüglicher Hochachtung grüßt Ernst Dr. Widmann. Vorsichtig hat er seine Verwunderung darüber zum Ausdruck gebracht, daß vom Volksgerichtshof niemals eine Mitteilung über Lilos Hinrichtung an die Eltern gegeben wurde.

Wirklich keine Mitteilung an die Eltern? Schon nach drei Tagen belehrt Dr. Widmann Ernst eines Besseren. »Soviel ich weiß, ist die Tatsache der Hinrichtung von Liselotte Herrmann am Morgen nach dem Hinrichtungstag an allen Berliner Litfaßsäulen zu lesen gewesen.« Mehr hat Dr. Widmann nicht mitzuteilen. Aber freundlicherweise legt er noch ein Schreiben mit bei, das er vor wenigen Monaten an das Bezirksamt Steglitz schickte. Da stehen die gewünschten Daten und ein Satz von ihm, der noch einmal klarstellen soll, wie das damals war und heute noch zu sehen ist. »Eine politische Zusammenarbeit zwischen meiner Mandantin und mir hat naturgemäß nicht stattgefunden, doch kann ich aus dem Gang der Verhandlungen mitteilen, daß Frl. H. scharf gegen den Nationalsozialismus eingestellt war und auch diese Haltung bis zum Schluß beibehalten hat.«

Ernst gibt es auf, an die Behörden zu schreiben. Wie soll er nach über zehn Jahren noch etwas erfahren, wo der Vater schon in einem Brief vom 28.1.1946 resignierend an Maria schrieb: »Von der Angelegenheit, in die meine Tochter verwickelt war, habe ich leider nicht das Geringste in Erfahrung bringen können, da auch ihr Verteidiger, Rechtsanwalt Richard Widmann in Stuttgart, sich zum Stillschweigen verpflichtet hatte.«

Ernst gibt auf. Er hat andere Sorgen. Durch nichts wird er sich davon abbringen lassen, seine eigene Firma aufzubauen. Außerdem muß er sich jetzt um die Mutter kümmern. Sie hat durch Lilo genug aushalten müssen. Alle haben durch Lilo gelitten, denkt Ernst. Die Angst in den Nächten – selbst vor seiner eigenen Familie machte sie nicht halt. Else redete im Schlaf. »Uns holen sie auch weg. Ich springe aus dem Fenster.« Ernst legte den Arm um seine Frau. »Uns werden sie nichts tun. Wir haben uns nie für Politik interessiert.« Aber Ernst irrt sich. Nach Lilos Verhaftung verliert er seine Stellung. Erst nach langer Zeit bekommt er wieder Arbeit. Und nun hat er, statt der zwei Söhne, noch ein drittes Kind zu ernähren. Da bleibt keine Zeit und keine Kraft mehr, um nach Briefen, Märchen und Fotos auf dem Dachboden zu suchen.

Walter Herrmann bedauert es bei meinem Besuch im Mai 1989, daß er mir nichts über Lilo erzählen kann. Keiner sprach in der Familie über sie. Wenn Maria nicht gekommen wäre, hätte er vielleicht niemals erfahren, wer seine Mutter war. »Vielleicht leben in Stuttgart noch Menschen, die meine Mutter kannten«, sagt Walter Herrmann. »Sie müssen nach Stuttgart«, meint nun auch Walters Frau. Welch ein Problem das im Sommer 1989 noch für mich ist, können die beiden nicht ahnen.

Vieles, was bei uns passiert, erzähle ich nicht, weil ich mich schäme und es für Menschen aus einer anderen Welt sowieso nur schwer vorstellbar ist. Aber ich erzähle ihnen, wie mühsam und umständlich ich zu dieser Reise gekommen bin. Sie haben mich mit offenen Armen aufgenommen. Ich will sie nicht belügen. Wir reden bis in die frühen Morgenstunden. Frau Herrmann hat sich Urlaub genommen, um mir Westberlin zu zeigen. Ich spreche in den Gedenkstätten mit Mitarbeitern über Lilo, bitte um Material und hinterlasse meine Adresse.

Für ein paar Stunden bin ich bei meiner Cousine. Die vorgeschriebenen drei Tage sind längst überschritten, aber ich habe bei der Polizei vorsorglich fünf Tage beantragt. Doch auch diese Zeit ist viel zu kurz.

»Wenn Sie in Ihrem Zimmer gleich das Licht ausschalten, wird der Wellensittich nicht wach«, erklärt mir Frau Herrmann. Doch Birgit hat neben mein Bett die Kisten und Kartons mit den Märchen, Briefen und Fotos gestellt. Wie kann ich da schlafen? Ich lese trotz Protest des Vogels bis in die frühen Morgenstunden. Frau Herrmann setzt mir zum Frühstück einen Kaffee vor, in dem der Löffel steht, und bietet mir an, die nächste Nacht bei Tarzan zu schlafen. »Er ist ganz leise und stört nicht beim Lesen«, sagt sie. Doch als ich erfahre, daß Tarzan eine weiße Maus ist, beschließe ich, mein Quartier nicht zu wechseln.

Bei meinem Abschied fragen mich alle, wann ich wiederkomme. »Vielleicht in zehn Jahren«, antworte ich, weil ich weiß, daß es Ärger geben wird. Ich habe mich an keine der Auflagen gehalten. Auf der Rückfahrt wird mir immer wärmer. Rote Wangen, heiße Stirn und der Zug voller junger Leute mit blauen Hemden. Es ist gerade ein großes Treffen der Freien Deutschen Jugend in Berlin. Zu Hause zeigt das Fieberthermometer 39. Mein Arzt rät mir, in Zukunft etwas kürzerzutreten.

Doch schon einen Monat später, am 23. Juni 1989, gibt es neue Aufregungen.

17.
Hoffnungen

Das Fernsehen der DDR hat zum 80. Geburtstag von Liselotte Herrmann eine Filmfiktion über sie angekündigt. Ich sitze am Freitagabend zu später Stunde gespannt vor dem Fernsehapparat. Die Worte der Ansagerin verschlagen mir die Sprache: »Erinnerungen eines 54jährigen«.

Sie spricht von Walter. Ich kann in den ersten Minuten dem Film nicht folgen. Haben sie mit ihm gesprochen? Warum hat er mir das nicht geschrieben? Aber dann merke ich, was los ist. Das sind niemals Walters Erinnerungen, so war sein Leben nicht, oder hat er den Fernsehleuten etwas anderes erzählt als mir? Vielleicht haben sie niemals mit ihm gesprochen, und allen, die den Film sehen, soll eine Lüge aufgetischt werden. Die Bilder im Film wechseln. Aus dem kleinen Jungen ist ein junger Mann geworden. Er sieht genauso aus wie damals Walter. Wie ist das nur möglich? Nur ich kenne die Bilder aus der Jugendzeit, oder waren doch noch andere bei ihm? Ich kann nicht glauben, daß Walter mich belogen hat. Stunden sitze ich vor dem Telefon und warte auf das angemeldete Gespräch. Endlich meldet sich Lilos Enkelin.

Birgits Stimme klingt verschlafen. Ich habe sie aus dem Bett geklingelt. Nein, niemand war bei ihnen. Keiner hat sich bei Walter gemeldet. Ich schicke ein Telegramm an den Chef des Fernsehens. In meiner Wut telegrafiere ich: »War beim Sohn. Wie konnten Sie diesen Film bringen?« Nach einigen Tagen kommt ein überaus freundliches Schreiben vom Chefredakteur. »Der Vorsitzende des Staatlichen Komitees für Fernsehen, ..., hat mich beauftragt, Ihnen auf Ihre telegrafische Anfrage zu antworten. Wir bedauern sehr, daß der Beitrag ›Für Lilo Herrmann – Eine Filmfiktion mit Musik‹ nach Ihrer Auffassung zu spät eingesetzt wurde. Wir bitten jedoch zu bedenken, daß es sich bei der Idee und Gestaltung der Sendung um eine spezielle Form handelte, die nicht unbedingt ein Massenpublikum erreicht... Unsere Erfahrung besagt, daß es dem Anliegen und der Wirkung eines solchen Beitrages, der Nachdenklichkeit und Besinnung befördern soll, dienlich ist, ihn von der Unrast des Tages etwas abgesetzt zu später Stunde zu senden. Wir bitten dabei um Ihr Verständnis. Sicherlich werden wir die Sendung zu gegebener Zeit wiederholen.«

Ich lese den Brief mehrmals, dann endlich fällt es mir wie Schuppen von den Augen. Sie wissen nicht, was mit den Worten »War beim Sohn« gemeint ist. Man hat versucht, den Inhalt zu deuten, und hat geglaubt, daß die Post wieder einmal Wichtiges vergessen hat. Wie konnten Sie den Film bringen? Klingt »Wie konnten Sie den Film so spät bringen?« nicht viel besser? Und so werde ich zu einer älteren Dame, die ihren Sohn besuchte und eine für sie wichtige Sendung versäumte. Wer weiß, welche Witwe oder Frau eines höheren Parteifunktionärs der Vorsitzende des Fernsehens hinter meinem Namen befürchtet.

Ich kläre ihn schon bald auf. Kurze Zeit später meldet sich der Regisseur des Films zu einem Besuch bei mir an. Er erzählt, daß meine Beschwerde über seinen Film einigen Herren vom Fernsehen sehr genehm war. Seine

Sicht auf die Vergangenheit und seine Kritik gegenüber der Gegenwart gefällt vielen nicht. Als er mir von seiner Arbeit erzählt, spüre ich, daß wir beide gegen die gleichen Wände laufen. Wir einigen uns darauf, daß der Titel dieser Filmfiktion geändert werden muß. Niemals mehr darf Walters Leben mit diesem Film in Verbindung gebracht werden. Der Regisseur versichert mir, daß er von der Ansage nichts wußte. Als ich ihm ein Jugendbild von Walter zeige, ist auch er erschrocken über die große Ähnlichkeit mit dem Schauspieler. Der Regisseur erzählt mir, daß er über das Gespräch mit mir den Vorsitzenden des Fernsehens schriftlich informieren muß.

Wir formulieren gemeinsam die wichtigsten Punkte. Einer davon lautet, daß es an der Zeit ist, die Wahrheit über das Leben von Liselotte Herrmann zu sagen. Wir schlagen dem Chef des Fernsehens vor, daß der Regisseur und ich Lilos Sohn besuchen, um dort für eine Reportage zu recherchieren.

Auf unseren Vorschlag reagiert er selbstverständlich nicht.

Ich tröste mich mit Post aus Stuttgart. Meine Freunde bedanken sich für die Vermittlung des Kontaktes zu Birgit Herrmann. Den Zeitungsartikel und das Foto über Birgits Besuch in Stuttgart soll ich demnächst erhalten.

Josepha Burk, die mit Lilo in einer Zelle gefangen war, schreibt mir im Juni 1989, daß sie überglücklich war, Lilos Enkelin bei der Gedenkfeier zum 51. Todestag vor dem Denkmal an der Universität Stuttgart zu treffen. Ein Freund versucht nach wie vor, in Stuttgarter Archiven Neues über Lilo für mich zu finden. Er schickt seine Briefe nun stets in doppelter Ausführung, denn viele Unterlagen sind bei mir nie angekommen.

Alle schreiben, daß es nun an der Zeit wäre, daß auch ich endlich nach Stuttgart komme. Noch leben Menschen, die Lilo kannten. Sie wollen mir alle bei meinen Recherchen helfen. Ich soll mich endlich auf den Weg machen.

Ich bitte eine noch nie gesehene Tante in Bayern, daß sie mir zu ihrem Geburtstag eine Einladung schickt, und versichere, daß ich sie nicht mit meinem Besuch belästigen werde. Sie schickt mir die gewünschten Papiere. Doch bevor ich damit zur Polizei gehe, brauche ich, wie alle Mitarbeiter der Hochschule, für diese private Fahrt eine Zustimmung von meinem Direktor.

Für eine Geburtstagsfeier bei einer Westtante reichen nach seiner Meinung ein Tag Anreise, ein Tag Feier und ein Tag Abreise. Niemals stimmt er einem Aufenthalt von zehn Tagen zu. Mein Direktor wird rot vor Wut, als ich ihm ruhig erkläre, daß ich Land und Leute kennenlernen will. »Dafür sind solche Reisen nicht vorgesehen«, sagt er so laut, daß man jedes seiner Worte noch im Nebenzimmer verstehen kann.

Auch der Rektor der Hochschule ist verwundert. »Die Reise nach Westberlin war erst vor zwei Monaten und eine abolute Ausnahme.« Ich nenne ihm den wahren Grund, weshalb ich nach Stuttgart muß.

»Bitte versuchen Sie mich zu verstehen.« Der Rektor nickt und sagt: »Einer weiteren Reise von Ihnen kann ich wirklich nicht zustimmen.«

Zwei Tage später wird mir von seiner Sekretärin ein Termin bei der Bezirksleitung der SED in Schwerin genannt. Der Sekretär empfängt mich kühl. Er ist enttäuscht von meinem Verhalten. Ich habe mich nach der Reise zu Walter Herrmann nicht gemeldet. Schließlich habe ich dem guten Willen und Einsatz der Bezirksleitung diese Reise zu verdanken. Aber ich bin weder dankbar noch für eine vernünftige Zusammenarbeit bereit. An keine der Vorschriften habe ich mich gehalten. Folglich hätte ich sogar die Sicherheit belogen. Überhaupt hätte man den Eindruck, daß ich alles von langer Hand geplant hätte. Mein Handeln, impulsiv und mit niemandem abgesprochen, habe bewirkt, daß man der Reise nach Stuttgart nicht zustimmen könne. Außerdem würde ich mich selbst nur gefährden. Der Sekretär der Bezirksleitung sagt mir, daß ich gar nicht erst zur Polizei gehen soll. Das wäre völlig sinnlos.

Ich habe mir ein Buch mitgenommen. Zwölf Leute, die wie ich eine Reise in den Westen beantragt haben, stehen mit mir im schmalen Gang des Polizeigebäudes. Ich starre in das Buch, ohne auch nur eine Zeile zu erfassen. Wie alle hier bin ich nervös und aufgeregt. Wir stehen schweigend nach einer Reise an, und keiner in der Schlange weiß, ob er sie bekommt. Bei einem abschlägigen Bescheid wird niemand den Grund erfahren. Wie von ferne höre ich meinen Namen – einmal, zweimal. Ich gehe in das Zimmer, aus dem man mich gerufen hat. »Kommen Sie bitte morgen wieder«, sagt die Beamtin, »ich muß in Ihrem Fall noch eine Rücksprache nehmen.« – »Ich werde draußen warten«, sage ich, »egal wie lange es auch dauert.«

Nach über zwei Stunden übergibt mir die Beamtin wortlos alle Reiseunterlagen. Ich kneife mich selbst in den Finger, so daß es ordentlich weh tut. Sie soll nicht die Freude in meinen Augen sehen und nichts von meinem Jubel wissen. Erst zu Hause schreie ich ihn hinaus, daß man es bis auf die Straße hören kann. »Ich fahre nach Stuttgart.« Mit Telegrammen kündige ich meinen Besuch an.

Im Sommer '89 bin ich endlich in der Stadt, die ich bisher nur von der Wetterkarte des Westfernsehens kannte. Die Widerstandskämpfer, mit denen ich in Stuttgart spreche, sind in hohem Alter, aber sie wirken jünger, wissender und aufgeschlossener als Gleichaltrige aus der DDR. Vielleicht liegt es auch daran, daß sie niemals gläubig sangen: »Die Partei, die Partei, die hat immer recht.« Zweifel und Anfeindungen haben sie nicht träge und selbstzufrieden werden lassen.

Hans zeigt mir Lilos Wohnhaus und fährt mit mir zu Menschen, die sie kannten. Er zeigt mir, wo man ihn als 17jährigen verhaftet hat. Dann lerne ich Lothar kennen. Das Gespräch mit ihm gehört zu meinen wichtigsten Begegnungen in Stuttgart. Bisher habe ich niemanden getroffen, der sich über Jahrzehnte so intensiv mit dem Leben von Lilo beschäftigt hat.

1972 ist Lothar Student an der Universität in Stuttgart. Bei seiner Suche nach Kommilitonen, die sich während der NS-Zeit konsequent und mutig verhielten, erfährt er von Lilo. Lothar sammelt Unterschriften, damit ein neu errichtetes Wohnheim nach Lilo benannt wird. Er ist Mitbegründer eines Initiativkreises, der 1974 für eine erste Gedenkveranstaltung an der Universität sorgt. Im Namen der Studentischen Fachschaft Geschichte beantragt Lothar 1975, daß an der Universität eine Gedenkstätte für den antifaschistischen Widerstandskampf und insbesondere für Lilo errichtet wird. Der Vorschlag wird nicht akzeptiert. Da die Forderung nach einer Ehrung immer wieder erhoben wird, setzt der Senat 1988 eine von Professor Eberhard Jäckel geleitete Kommission ein. Im Gutachten von Prof. Jäckel wird empfohlen, die Erinnerung an Lilo Herrmann zu pflegen und zu fördern, von der Errichtung eines nur für sie bestimmten Denkmals aber abzusehen.

Die an Lilo erinnern wollen, enthüllen auf eigene Faust zu ihrem 50. Todestag einen Gedenkstein auf dem Unigelände. In der »Stuttgarter Zeitung« wird vermerkt: »So einfach ist das. Wochenlang wird öffentlich darüber gestritten, ob ... Lilo Herrmann eine Gedenktafel verdient hat ... – plötzlich liegt, just am fraglichen Jahrestag – ein Gedenkstein im Gras mit Blumen davor. Und der Erste Bürgermeister der Stadt sagt, er sei mit diesem Stein sehr einverstanden ...«

Von der Universitätsleitung ist zu hören, daß sie »vorläufig nichts unternehmen wird, um diesen Stein zu entfernen«. An der Gedenkfeier für eine ehemalige Studentin beteiligt sich die Universitätsleitung nicht, weil Lilo im Sinne einer kommunistischen Bewegung wirkte.

Zu unserem ersten Gespräch bringt Lothar einen Koffer voller Unterlagen mit. Er verspricht mir, Kopien zu schicken.

Als ich im Sommer 1989 wieder in die DDR einreise, verstecke ich mein Abschiedsgeschenk, das Buch mit dem Titel »Stalin bewältigen« unter meiner Bluse. Ich freue mich, wieder zu Hause zu sein.

Noch zehn Tage, dann kommt Lilos Enkelin zu mir. Ich habe den Besuch von Birgit Herrmann bei der Polizei beantragt, und ich informiere auch den Rektor der Hochschule. Er teilt mir mit, daß er Fräulein Herrmann nicht begrüßen kann. Warum das nicht möglich sein soll, erfahre ich nicht. Der Rektor wiederholt noch einmal seinen Satz, und ich versuche vergeblich, in seinem Blick zu erkennen, ob man es ihm verboten hat.

Birgit ist da. Ich gehe allein mit ihr durch die Hochschule, die den Namen ihrer Großmutter trägt. Zuvor erhält Birgit von der Pförtnerin einen Passierschein.

Auf der Rückseite soll später die Unterschrift des zu Besuchenden stehen. Aber wir besuchen niemanden. Ich unterschreibe, damit die Pförtnerin zufrieden ist, und sage ihr, daß der Name Herrmann mit Doppel-»r« geschrieben wird.

Abends habe ich einen Freund eingeladen, der als Journalist arbeitet. Er interviewt Birgit. Noch einmal will ich versuchen, über einen Artikel in der DDR zu verbreiten, daß Lilos Sohn lebt. Der Text des Journalisten darf weder im »Neuen Deutschland«, dem Zentralorgan der SED, noch in der »Jungen Welt«, dem Zentralorgan der Freien Deutschen Jugend, erscheinen. Als Begründung wird genannt, daß durch die Veröffentlichung die Sicherheit von Birgit Herrmann nicht mehr gewährt ist. Aber gegen eine Veröffentlichung in der Bezirkspresse ist nichts einzuwenden ...

Zuvor hat sich der Journalist in der Bezirksleitung der SED zu melden. Birgit und ich warten zu Hause auf den Anruf des Journalisten. Der Sekretär der Bezirksleitung gibt seine Zustimmung. Das erste Mal können in diesem Land nun auch andere anderes über Lilo erfahren.

»Irgendwann wird es hier nicht mehr so sein«, erkläre ich Birgit, »so kann es gar nicht weitergehen.«

Drei Tage, nachdem Birgit fort ist, erhalte ich vom Sekretär des Rektors die Erlaubnis, daß Fräulein Herrmann die Hochschule betreten darf. Der Prorektor der Hochschule kommt aus dem Staunen nicht heraus. »Was, wirklich, die Enkelin von Liselotte Herrmann war hier? Ich hätte sie gern empfangen.« Ich sage dem Prorektor, daß die Hochschulleitung über den Besuch informiert war. »Schade«, sagt er, »daß da etwas schiefgegangen ist.«

Inzwischen ist das Interview mit Birgit erschienen. An mehreren Kiosken kaufe ich alle Exemplare der Zeitung auf. Wenn man den Artikel auch nur in einem Bezirk druckt, so sollen ihn doch wenigstens ein paar Menschen aus anderen Bezirken lesen können.

Auch Birgit wollte bei ihrem Besuch von mir mehr über ihre Großmutter erfahren. Ich hätte ihr gern von Maria erzählt. Es ist die einzige Person, die Walter Herrmann mit seiner Mutter in Verbindung bringen kann. Doch ich habe noch immer nicht die Genehmigung erhalten, Marias Akte zu lesen.

Ich werfe der zierlichen Frau aus dem Institut vor, daß sie mir nur Hilfe vorgetäuscht hat. Immer wieder wurden Hoffnungen geweckt und dann enttäuscht. Diese Wechselbäder sind unerträglich für mich. Ihre Antwort auf meinen aufgebrachten Brief ist ruhig. »Das Verständnis für Deine Sorgen, Probleme und Unerklärlichkeiten ist durchaus vorhanden. Es gab und gibt keine Wand zwischen uns. ›Wechselbäder‹ sind oft schockierend und unangenehm, oft aber auch hilfreich.« Ich weiß nichts mit diesen Zeilen anzufangen. Hat es überhaupt noch einen Sinn, weiter um Akteneinsichtnahme zu betteln? Ich werde den Mitarbeitern des Instituts nicht den Gefallen tun und mein Vorhaben aufgeben.

18.
Letzte Daten

Im Oktober 1989 schreibe ich noch einmal an das Institut. Ich will endlich die Akte von Maria sehen. Schon nach wenigen Tagen kommt ein Brief mit der altbekannten Unterschrift, aber mit neuen Tönen: »Aus unserer Sicht gibt es keine Schwierigkeiten ...«

Aber ich soll mich zuvor bei der verantwortlichen Mitarbeiterin des Sektors Auswertung melden. In meiner Angst, daß dieses Gespräch wieder mit Auflagen endet, gehe ich das Risiko ein und melde mich nicht.

So lese ich, kurz nachdem die DDR-Grenzen offen sind, in einer für mich lange geschlossenen Akte. Nach den Eintragungen auf der Unterschriftenliste sieht es so aus, als wäre ich, außer den Mitarbeitern des Hauses, die erste Person, die Einsicht in diese Unterlagen nehmen darf.

Marias Nachlaß ist ein Sammelsurium. Nichts sensationell Neues. Ich bekomme nur bestätigt, was ich bereits selbst herausgefunden, geahnt oder gelesen habe. Briefe von Richard Herrmann, Fotos von Walter, Berichte von Frauen, die Lilo kannten, Notizen und Termine. Viele Artikel, die Maria über Lilo geschrieben hat. Maria zeichnet das Bild einer Frau nach ihren eigenen sozialistisch geprägten Wünschen, Hoffnungen und Zielen. Niemand darf daran rütteln. Im Januar 1948 schreibt sie: »Das von mir angefertigte Material ist mein geistiges Eigentum, über das nur ich zu verfügen habe, das also von anderer Seite ohne meine Zustimmung nicht veröffentlicht werden darf.«

Wenn anders gehandelt wird, will Maria strafrechtlich vorgehen. In ihr Bild von einer Widerstandskämpferin paßt nicht, daß da ein enges Vertrauensverhältnis zu einem evangelischen Geistlichen war. Maria streicht alle Sätze, die das belegen, aus dem Bericht der Gefängnislehrerin Charlotte Behrends. Eine Genossin wie Lilo hat nichts an der Seite eines Pfarrers zu suchen.

Charlotte Behrends schreibt: »Sie selbst hatte völlig abgeschlossen mit dem Leben und sich für den Tod bereitet.« Fort mit solchen Sätzen. Eine Widerstandskämpferin stirbt erhobenen Hauptes. Und was sollen Lilos Zweifel, von denen die Gefängnislehrerin schreibt? »Sie wollte Leid verhüten, den Menschen mehr Freude und Ruhe im Leben schaffen. Sie war erfüllt von ihrer Stellungnahme, war großzügig genug zu sagen, daß man vermutlich erst in hundert Jahren erkennen könne, wo Irrtum und wo Wahrheit dieser Jahre lagen, daß sie aber doch hoffe und glaube, sich nicht einem Irrtum hingegeben zu haben.«

Maria streicht solche Worte und schreibt 1948 verärgert an die Gefängnislehrerin: »Der mir übersandte Bericht über Liselotte Herrmann entspricht leider nicht meinen Erwartungen. Sie bringen nur Angelegenheiten aus dem Leben Lilo Herrmanns, die mir besser bekannt sind.«

Woher denn, Maria, woher?

Die Gefängnislehrerin wird trotz Schelte von Maria um weitere Informationen gebeten. Sie soll mitteilen, wie sich jener Vorgang abgespielt hat, bei dem sie als Zeugin für die letzte Unterredung zwischen dem Rechtsanwalt und Lilo zugegen war. Ein paar Tage später ist der Ergänzungsbericht da. Charlotte Behrends schildert ausführlich, was sich damals zugetragen hat. Lilo soll noch einmal und nun unter Zeugen ihrem Verteidiger den Namen von Walters Vater nennen, damit in dieser Angelegenheit jeder Zweifel ausgeschaltet ist.

Dr. Widmann ist an diesem Tag äußerst nervös. Vor einer Stunde hat er erfahren, daß das Gnadengesuch abgelehnt ist und die Urteilsvollstreckung unmittelbar bevorsteht.

Charlotte berichtet minutiös: »Nur für sie beide verständlich klärten Liselotte Herrmann und Rechtsanwalt Widmann, bei welcher Rücksprache die fraglichen Angaben von ihr gemacht worden waren, und Liselotte Herrmann gab zur Kenntis, daß ihre Angaben der Wahrheit entsprochen hätten und daß jede anderslautende Kundgebung und Aussage nicht zuträfe. Es folgte dann noch die Abmachung, abweichend von einer früheren, daß Rechtsanwalt Widmann nicht gehalten sein sollte, auf jeden Fall Schweigen über die Vaterschaft zu bewahren bis zu Walters 21. Geburtstage, sondern daß es seinem eigenen Ermessen im Interesse des Kindes überlassen bleiben sollte, wann er ihre Angaben über die Vaterschaft zur Kenntnis ihrer Eltern und eines evtl. Vormundes bringen würde.«

Charlotte Behrends kannte also nicht den Namen des Vaters. Hat Maria nicht weiter geforscht? Unverständlich, daß sie, die auf alles reagiert hat, was mit Lilo in Beziehung stand, keinen Kontakt zu Dr. Widmann suchte. In ihren Unterlagen finde ich keine Briefe von ihm. Die Seiten in der Akte von Maria sind nicht numeriert. Vielleicht suche ich etwas, was noch immer versteckt wird.

Für meine Vermutungen finde ich erst nach zwei weiteren Jahren eine Bestätigung. Doch zuvor kommt im Oktober 1990 Post von Lothar.

Eine Studentin von der Universität Passau braucht für ihr politikwissenschaftliches Studium meine Hilfe. Sie schreibt ihre Magisterarbeit über Liselotte Herrmann. »Können wir zwei und ein Kopiergerät kommen?« Im Februar des folgenden Jahres besuchen mich Lothar und Karin. Wir haben kaum Zeit füreinander. Mein Kind hat hohes Fieber. »Nicht weggehen«, bettelt es. Ich streichle ihm die Wangen und die Stirn. Es atmet ruhiger. Zwischen zwei Wadenwickeln kurze Gespräche mit Karin und Lothar. Ich gebe ihnen alle meine Unterlagen. Der Kopierer läuft heiß. Unkonzentriert antworte ich auf ihre Fragen.

Wenige Monate nach dem Besuch bei mir schreibt Karin voller Wut und Enttäuschung. Auch sie wollte im Institut die Akte von Maria einsehen. Zuerst wird Karin mitgeteilt, daß diese Akte gerade von einer Kollegin bearbeitet wird. Es wird um einen Tag Geduld gebeten. Am nächsten Tag heißt es, weil die Akte in Bearbeitung ist, kann sie nicht eingesehen werden. »Dies sei der einzige Grund«, schreibt Karin mir, »weshalb die Akte nicht vorgelegt werden konnte. Ich sollte das akzeptieren, schließlich müsse man sich an die geltenden Archivgesetze halten, und außerdem sei ich noch so jung und hätte noch viele Jahre Zeit zum Forschen.«

Kurze Zeit später beantragt Lothar eine Arbeitserlaubnis beim Institut. Und er erhält mehr als das bisher Bekannte. Hatte man versäumt, die Akte vorzusäubern, oder gibt es jetzt neue Richtlinien für das Institut?

Plötzlich existiert ein Brief des Rechtsanwalts aus dem Jahre 1947 an Maria. Am späten Abend, nach der Arbeit im Institut, ruft Lothar mich an. Er nennt mir die wichtigsten Passagen aus dem Brief. 1991 wissen wir, daß Fritz Rau Walters Vater ist. Daß dieser Mann in einer engen Beziehung zu Lilo stand, hätte ich vielleicht nie erfahren, wenn man nicht versucht hätte, seine Existenz vor mir zu verheimlichen. Bei einem meiner Besuche im Institut für Marxismus-Leninismus lege ich die durchgesehenen Akten nicht auf die dafür vorgesehene Ablage, sondern auf den Schreibtisch des Aufsichtspersonals. Auf einem dort liegenden Blatt entdeckte ich plötzlich mit einem Blick meinen Namen, die von mir bestellten Akten und die winzige Bemerkung: »außer Rau«. Das Blatt wird sofort abgedeckt, aber ich habe gelesen, was ich nicht wissen sollte. Alle meine Fragen im Institut nach dem Mann bleiben unbeantwortet. Nur die Frau von Max Burghardt nickt, als ich ihr sage, daß entweder Walter Ehlen oder Fritz Rau der Vater von Lilos Sohn ist. Meine Vermutungen erzähle ich auch Walter Herrmann. Beide Namen sagen ihm nichts. Die Informationen über Fritz Rau, die ich aus Stuttgart erhalte, sind spärlich. Er arbeitete als Redakteur bei verschiedenen Zeitungen der KPD und war ebenso wie Lilo politisch aktiv. 1933, wenige Wochen nachdem Lilo schwanger geworden ist, wird er in Berlin verhaftet. Lilo kann ihm nicht mehr sagen, daß sie ein Kind von ihm erwartet. Vielleicht hätte sie es auch nie getan, denn Fritz ist mit einer anderen Frau zusammen. Im Oktober 1933 schreibt Fritz dieser Frau, daß sie nichts trennen wird. Niemals glaubt sie an den angeblichen Selbstmord, den er am 20. Dezember 1933 im Gefängnis begangen haben soll. Sie kennt ihn zu gut. Aber drei Tage nach seinem 29. Geburtstag, den Fritz nicht mehr erlebt, wird sein Sohn geboren. 57 Jahre später erfährt dieser durch Lothar erstmals den Namen seines Vaters.

Für Walter Herrmann ist diese Nachricht längst nicht so aufregend wie für Lothar und für mich. Wir rätseln, warum man diesen Namen nicht preisgegeben hat.

Geschah das aus Rücksichtnahme auf eine Frau, die sich bis zu ihrem Tode im Jahr 1990 als Verlobte dieses Mannes sah und ihn niemals mit Lilo teilen wollte? Maria und diese Frau kannten sich gut.

Noch immer sind Fragen offen. Zu groß war das Schweigen über Liselotte Herrmann.

Es begann mit ihrer Verhaftung. Lilo verriet nichts über ihr Leben und das ihrer Freunde. Die Eltern erzählten ihrem Enkel nichts von seiner Mutter. Walter schwieg aus Unkenntnis. In der DDR verschwieg man seine Existenz, weil er nicht wie seine Mutter dachte. Zeitzeugen gestanden ihre Irrtümer und auch ihr besseres Wissen über Lilos Leben nicht ein. Verschwiegen wurden über Jahrzehnte Informationen aus den Archiven. Noch im Mai 1989 gibt es dafür eine Begründung im »Neuen Deutschland«: »Sicherlich werden von uns marxistischen Historikern nicht immer Fehler beziehungsweise gutgemeinte Unterlassungen von Einzelfragen zu vermeiden sein, aber dürfen sie im Mittelpunkt unserer Betrachtungen stehen?«

In über vierzig Jahren keine Korrekturen und keine Ergänzungen. Kommunistin, Studentin und Mutter – drei Worte sollten genügen, und das erste reicht 1990 in der DDR aus, um Lilo mehr, als sie zu verantworten hat, anzulasten. Ihr Name wird in Schulen und auf Straßenschildern nicht mehr geduldet. Noch steht vor der Güstrower Hochschule, die es nicht mehr gibt, der Gedenkstein. Wie lange noch? Läßt sich Lilos Traum und ihr Sterben für eine menschenwürdige Gesellschaft vergessen?

Alles ist machbar, wenn nur gefragt wird, für welch eine Bewegung ein Mensch gelebt hat, und verschwiegen wird, wie er gedacht und gefühlt hat, was er wirklich getan hat.

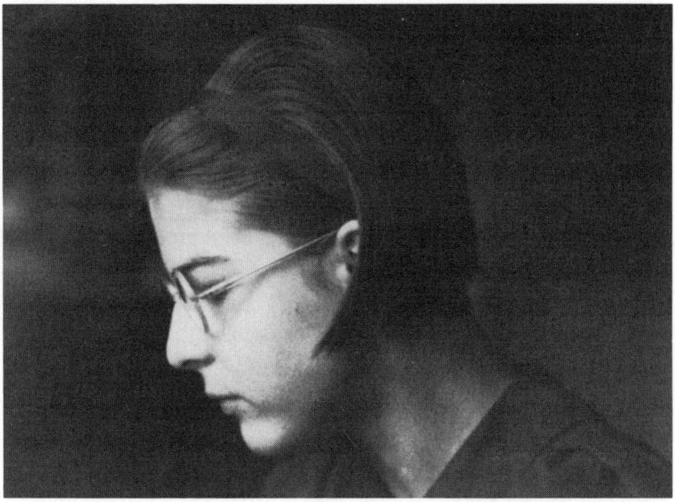

Dokumente

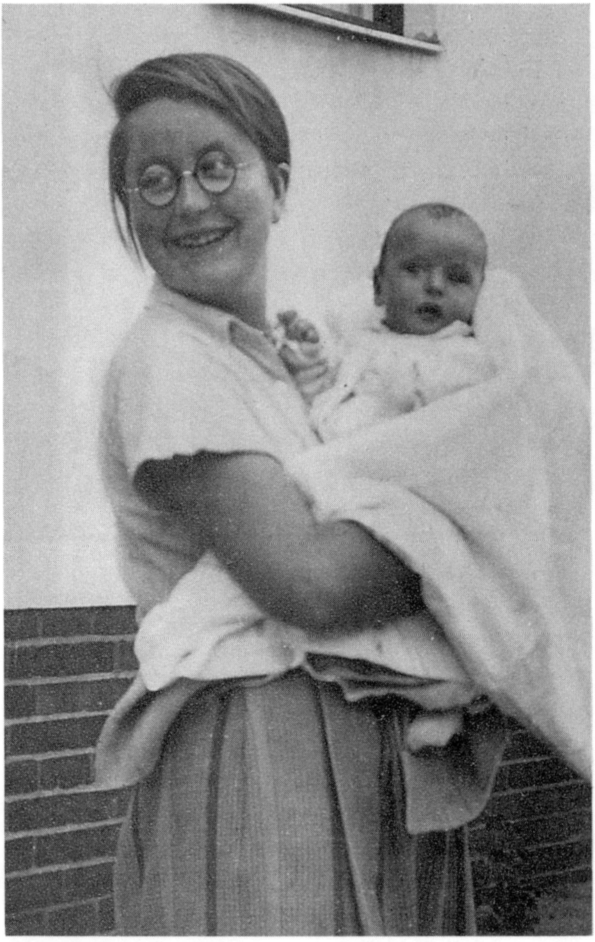

Lilo mit Walter, 1934
(Privatbesitz)

Seite 169: Lilo Ende der 20er Jahre
(Privatbesitz, Datum der Aufnahme unbekannt)

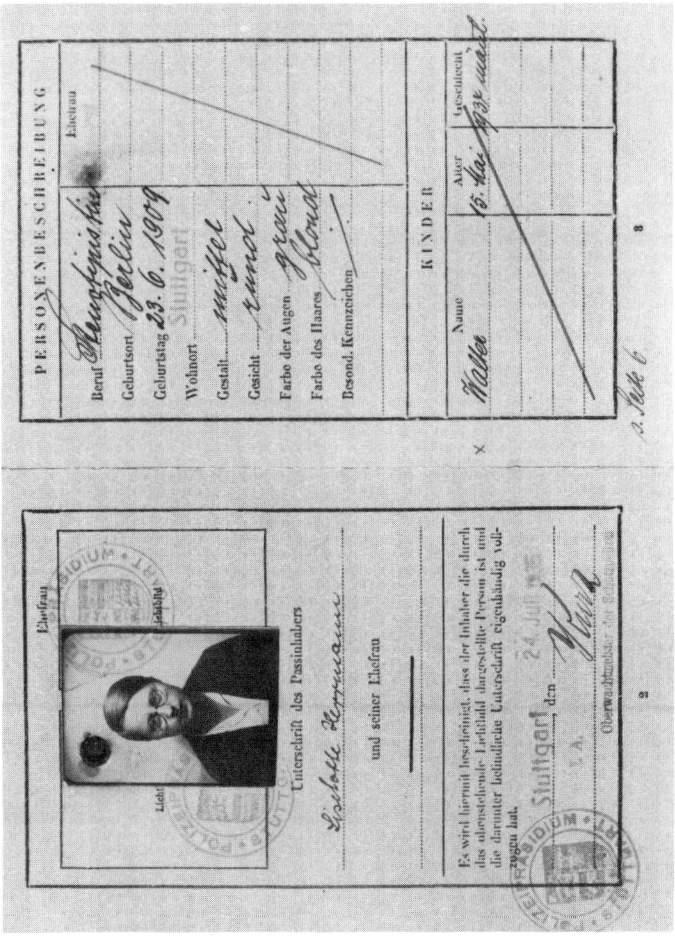

Lilos Paß, ausgestellt 1935
(Traditionskabinett des Rathauses Berlin-Köpenick)

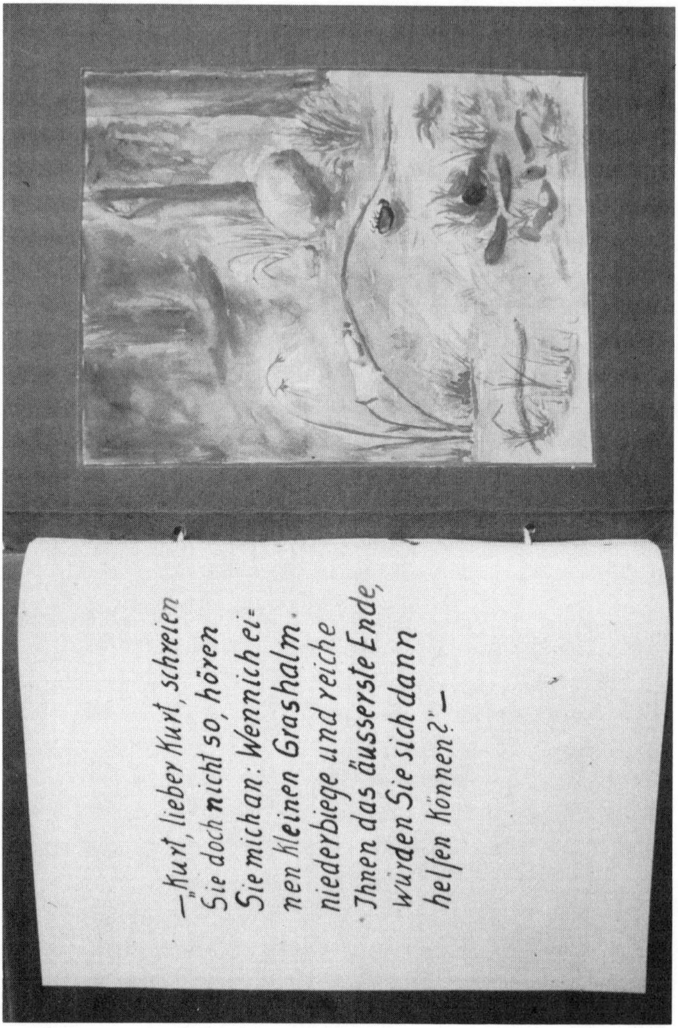
— „Kurt, lieber Kurt, schreien
Sie doch nicht so, hören
Sie mich an: Wenn ich ei=
nen kleinen Grashalm
niederbiege und reiche
Ihnen das äusserste Ende,
würden Sie sich dann
helfen können?" —

aus Lilos Bilderbüchern für Walter
(Abdruck mit Genehmigung des Bundesarchivs)

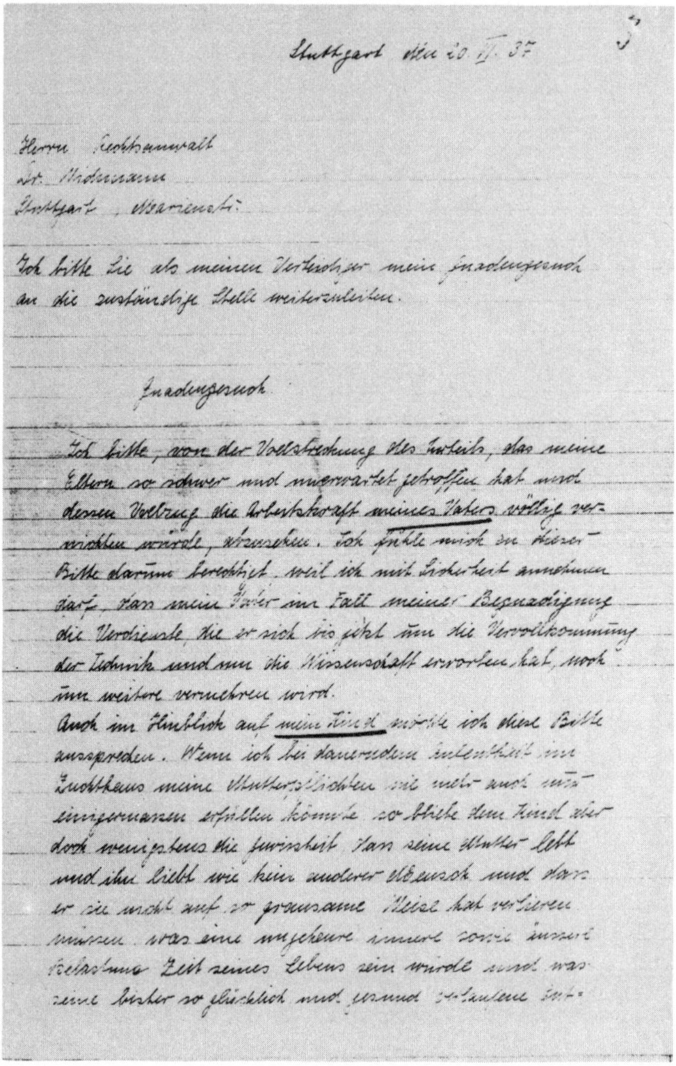

3

Stuttgart den 20. VI. 37

Herrn Rechtsanwalt
Dr. Widmann
Stuttgart, Marienstr.

Ich bitte Sie als meinen Verteidiger mein Gnadengesuch an die zuständige Stelle weiterzuleiten.

Gnadengesuch

Ich bitte, von der Vollstreckung des Urteils, das meine Eltern so schwer und unerwartet getroffen hat und dessen Vollzug die Arbeitskraft meines Vaters völlig vernichten würde, abzusehen. Ich fühle mich zu dieser Bitte darum berechtigt, weil ich mit Sicherheit annehmen darf, daß mein Vater im Fall meiner Begnadigung die Verdienste, die er sich bis jetzt um die Vervollkommnung der Technik und um die Wissenschaft erworben hat, noch um weitere vermehren wird.
Auch im Hinblick auf mein Kind möchte ich diese Bitte aussprechen. Wenn ich bei dauerndem Aufenthalt im Zuchthaus meine Mutterpflichten nie mehr auch nur einigermaßen erfüllen könnte, so bliebe dem Kind aber doch wenigstens die Gewißheit, daß seine Mutter lebt und ihn liebt wie kein anderer Mensch und daß er sie nicht auf so grausame Weise hat verlieren müssen, was eine ungeheure innere sowie äußere Belastung Zeit seines Lebens sein würde und was seine bisher so glücklich und gesund verlaufene Ent-

Lilos Gnadengesuch vom 20. 6. 1937

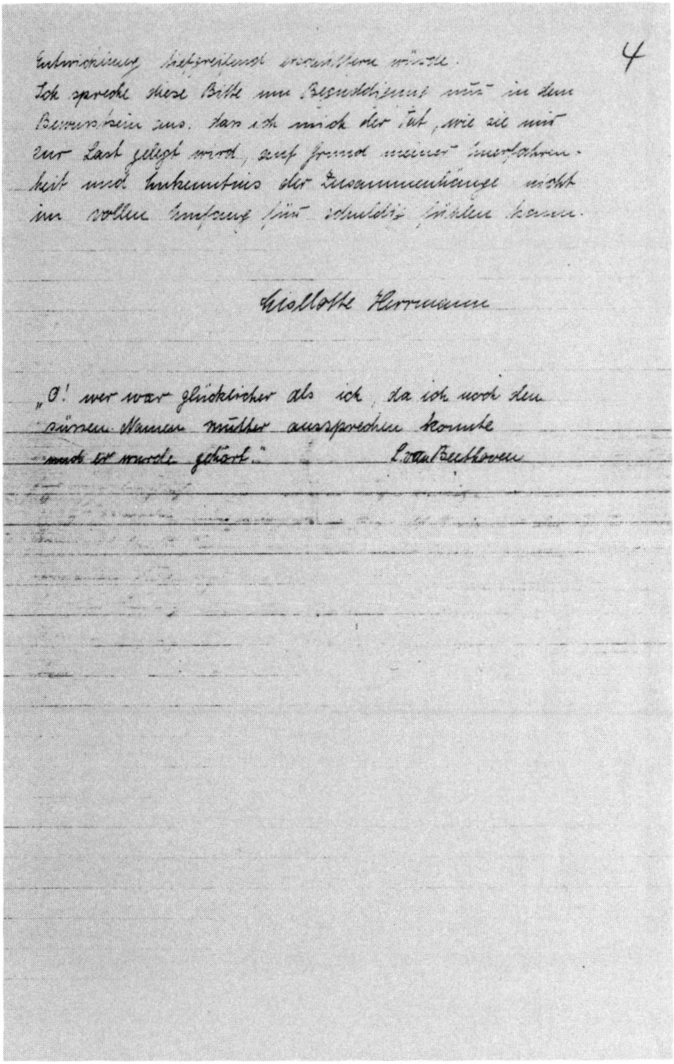

4

Entwicklung tiefgreifend verändern würde.
Ich spreche diese Bitte um Begnadigung nur in dem Bewußtsein aus, daß ich mich der Tat, wie sie mir zur Last gelegt wird, auf Grund meiner Unerfahrenheit und Unkenntnis der Zusammenhänge nicht im vollen Umfang für schuldig fühlen kann.

Liselotte Herrmann

„O! wer war glücklicher als ich, da ich noch den süßen Namen Mutter aussprechen konnte und er wurde gehört." L. van Beethoven

(aus: Ausstellungskatalog Friedrich Wolf, Stuttgart, 1983, S. 362f.)

Hilfe!!

Einer jungen Mutter droht das Henkerbeil

Am 22 Juni 1937 wird die 28 jährige Studentin
L I L O H E R R M A N N
vom Volksgerichshof zu Stuttgart wegen Hochverrat zum tode verurteilt. Wer ist LILO HERRMANN ? Sie stammt aus einer bürgerlichen, arischen Ingenieursfamilie. Schon früh ist sie eine eifrige Kämpferin für Frieden, Freiheit u. Recht. Nachdem sie Hochschülerin geworden ist, muss sie sich bald selbst ihr Brot verdienen, da sie unabhängig sein will. Tagsüber studiert sie Chemie, abends arbeitet sie in einer Fabrik, in den Ferien auch als Dienstmädchen. Nach Hitlers Machtantritt wird sie von der Universität relegiert. Ein Jahr darauf wird sie Mutter u. erlebt eine Zeit glükclicher Stundenin ihrem schweren Leben. Das kind ist ein Jahr, da wird ihm seine Mutter entrissen. L I L O H E R R M A N wird verhaftet u. nach vielen Monaten Untersuchung Verhören u. Misshandlungen zum Tode verurteilt. Ihre Gesinnung, die sie auch in Haft u. vor Gericht nie verschwieg, ist der alleinige Grund ihrerverurteilung. DAS IST DAS ERSTE MAL IN DER DEUTSCHEN GESCHISCHTE, DASS EIN FRAU AUS REIN POLITISCHEN GRÜNDEN HINGERICHTET WERDEN SOLL. ! !

Der Fall L I L O H E R R M A N ist nur einer von vielen. Deutschlands beste Söhne – über 200 000 sitzen in den Zuchthäusern und warten in den Todeszellen auf den Henker. Hunderttausende von Zuchthausjahren wurden in den 4 ersten Hitlerjahren über politische Gefangene verhängt, ungerechnet die unzähligen Schutzhaftjahre. Ohne Prozess, ohne Urteil werden unschuldig MIERENDORF, OSSIETZKY, PFARRER, NIMÖLLER, THÄLMANN, LITTEN und tausendeandere gefangen gehalten. Durch grausamste Folterungen u. Erniedrigungendurch regelrechte Aushungerung will man sie körperlich und geistig vernichten. Man ermordet nicht mehr nur die wehrlosen politischen Gefangenen bei den " Verhören " sondern lässt sie auch durch die legalen Gerichte wegen Hoch oder Landesverrat zum Tode verurteilen und hinrichten. 1936 fanden 9 solche Hinrichtungen statt, 1937 bis jetzt 22 und schon greift der Henker nach neuen Opfern.
Die Antifaschisten FUNKE, STEIDLE, LOWATSCH, GÖRITSCH sollen die nächsten sein. DAS DARF NICHT GESCHEHEN.

In alle Ländern protestieren hunderttausende aufrechte Menschen gegen diese Greuel und Kämpfen für die Befreiung der politische Gefangegen in Deutschland. Die grössten Geister der Menschheit, Menschen aller Berufe und Schichten, alle Massenorganisationen von Bedeutung streiten für die Rettung der besten Söhne des deutschen Volkes.
DIESER UNMENSCHLICHE TERROR IST EIN NICHT WIEDER GUT ZU MACHENDER SCHANDFLECK AUF DEM ANSEHEN DEUTSCHLANDS. WER DEUTSCHLAND LIEBT UND NICHT DULDEN WILL, DASS ES VERACHTET WIRD IN DER WELT, WER NOCH WAS FÜHLT FÜR RECHT u. MENSCHLICHKEIT, DER MUSS KÄMPFEN GEGEN DIESE MITTELALTERLICHEN ZUSTÄNDE ----------

Rettet die vom Beil bedrohten

Fallt dem Henker in den Arm!

Aufruf gegen Lilos Todesurteil 1937
(Abdruck mit Genehmigung des Bundesarchivs)

Lilo Herrmann

Die Studentin von Stuttgart

Ein biographisches Poem
von Nationalpreisträger
Friedrich Wolf
Vertont von Nationalpreisträger
Paul Dessau

Den Nacken frei vom straffen,
kurzgeschnittnen Haar,
die Brille vor den Augen.
Im derben Leinenkleid
ein stämmig blondes Mädel.
So kannten wir Dich, Lilo,
wenn Du als Chef mit Deinen Pionieren
am Sonntagmorgen ins Neckartal hinauszogst;
Lieder lehrtest Du sie, Schwimmen, Zelten
und lehrtest sie auch Mut, Hilfsbereitschaft,
Solidarität –
Denn Du wußtest um unsre Sache.

Den Bleistift überm Textbuch,
eine Holzbank als Soufflierpult,
halfst Du den Spieltrupps unsrer Jugend
bei den Proben
der politischen Revuen
oft bis nach Mitternacht in engen,
rauchverqualmten Sälen,
auf einem Knie das Stück, auf dem andern
das Lehrbuch der Chemie, darin Du
in den Pausen studierend Formeln nachschriebst,
Du, die Chemiestudentin –
Denn Du wußtest um unsre Sache.

Und als der braune Rattenfänger dann
sein blutig Spiel begann,
bliebst Du auf Deinem Posten,
unauffällig, unerschrocken;
und all die Diskussionen, die wir das Jahr vorher
in den Studentengruppen durchgefochten,
sie wurden plötzlich blutend Leben,
Leben wurde Dein Wort: Wir bleiben!
Denn du hieltest stand,
im stillen erst, dann in der Gruppe,
die mitten im tausendohrigen Terror schrieb
und flüsterte und warnte: Hitler, das ist der Krieg!

Krupps Eisentrust ist Krieg!
Reichsautobahn ist Krieg!
So warntest Du, die einzige Frau in einer Vierergruppe,
die Frauen Deiner Stadt,
Du, die furchtlose Studentin von Stuttgart –
Denn Du wußtest um unsre Sache.

Nicht bloß Chemiestudentin warst Du, Du warst
Mutter inmitten dieser Mordzeit,
und welche Mutter!
Jeden Tag schriebst Du mit zärtlicher Exaktheit
das Tagesbulletin von Walterchen, dem Söhnchen:
Wie es zum erstenmal gelacht,
sich aufgerichtet, eine Blume, einen Vogel erkannt,
wie es »Mamamam« gelallt ...
Mütterlicher Kontrollblock der Studentin.
Als dann ein Mann aus Deiner Vierergruppe hochging,
als der Würgering der Gestapo sich um Dich enger zog,
als man Dir riet, abzubrechen,
sagtest Du: Wer soll die Frauen warnen,
wenn nicht eine Frau?
Und Du warntest weiter in Berlin –
Denn Du wußtest um unsre Sache.

Aber sie waren hinter Dir; Du wichest aus
noch einmal zu Deinen Eltern,
unterzutauchen dort mit Deinem Söhnchen.
Doch die Kriegsmaschine rasselte schon hörbar;
Du konntest nicht abseits stehn,
wieder begannst Du.
Da fielst Du in den Hinterhalt der Häscher;
sie faßten zu, sie wußten, wen sie hatten,
sie »befragten« Dich,
wie man solche wie Dich befragt;
aber Du schwiegst.
Du warst standhafter als mancher Mann neben Dir –
Du standest zur großen Sache.

Und da Du stärker warst als Deine Folterknechte,
obschon man Dich an Krücken
einmal in den Gerichtssaal schleppte,
als Du auf des Vorsitzenden Angebot,
Dir Freiheit zu gewähren, falls Du die Namen
der Kameraden nanntest, die »freche Antwort« gabst:
Reden Sie doch nicht solchen Unsinn!
Da wurdest Du als »Unverbesserliche«
in die Akte eingetragen
und zum Tode verurteilt,
am 12. Juni 1937
als erste deutsche Mutter
vom 2. Senat beim Volksgerichtshof zum Tode verurteilt –
Denn Du dientest der großen Sache.

Und es kam der Befehl, Dich zu überführen
nach Plötzensee, dem Menschenschlachthof;
und in dem Befehl stand: »Gefesselt ... Sonderwagen ...
Scharfe Aufsicht!«
Und so fuhren sie Dich von Stuttgart nach Berlin,
Dich, Liselotte Herrmann,
Chemiestudentin,
28 Jahre alt,
Mutter eines dreijährigen Knaben,
zur Enthauptung nach Plötzensee,
weil Du die deutschen Frauen gewarnt hattest
vor dem Hitlerkrieg,
weil Du schon 1935
mit Lebensgefahr warntest: Hitler, das ist der Krieg!
Weil Du Dein Land mehr liebtest als Dein Leben –
Weil du Dein Land in Wahrheit liebtest.

So fuhr man Dich von Süden nach Norden
durch Deutschland
in Dein Sterbehaus, offenen Auges.
Du standest, die Hände gefesselt, auf den Zehenspitzen
und sahst durch die enge Luke des rollenden Waggons
noch einmal Dein Land,

im Glanz der Sommersonne die reifende Ernte,
die Beeren- und Traubenhänge des Neckars,
wo Du mit Deinen Pionieren gewandert;
und obschon Du standhaft warst,
wurden Deine Brillengläser trübe
von Tränen.
Denn Du warst jung –
    Und Du liebtest sehr Dein Land.

Da batest Du die Wachtmeisterin,
Deine Gläser zu wischen,
und Du sahst die waldigen Häupter des Spessarts
und den hohen Hut der Wasserkuppe der Rhön.
Mit breiten grünen Fahnen hatte Dir zu Ehren
Dein Land geflaggt;
Du wußtest,
jeder Berg sandte Dir seinen letzten Gruß nach,
jede weiße Wolke am blauen Himmel
hielt noch einmal auf der Wanderung an, daß Du
länger sie betrachten mochtest;
und die so eilige Saale schäumte
am Giebichenstein gegen den Felsen,
daß ein Spritzer Deine Stirn traf zum Abschied.
Denn es schien:
Wenn auch die Menschen schwiegen,
die Berge, die Bäume, die Wolken, die Flüsse wußten –
    Wie Du Dein Land liebtest.

So fuhrst du durch Deutschland, Deine Heimat,
die Dir teuer war, die Du warnend
bewahren wolltest vor dem Verderben,
selbst nun gefesselt,
mitten hinein in den Steinsarg des Zuchthauses
der Todeszellen von Plötzensee,
unter den Todgezeichneten täglich zu warten
auf den Beamten, der karg verkündet:

»Morgen früh um 5 Uhr«,
zu warten auf den Haarschneider,
der den Nacken Dir ausrasiert,
auf den Geistlichen und die Wärterin,
und dazwischen noch immer Verhöre –
Zu verraten die große Sache.

Und so führten sie Dich wieder einmal
vor den Gerichtsherren,
Dich, die zum Tode Verurteilte,
um auszusagen »als Zeugin«, um »bei guter Aussage«
dann das eigene Todesurteil zu mildern.
Aber Du sagtest zu dem Richter: »Mein Herr,
was wollen Sie von mir? Ich bin für Sie eine Tote;
und Tote sprechen nicht mehr.«
Der Genosse, den Du als einzige Wisserin
durch dieses Schweigen gerettet, erklärte später:
»Es war, als hätte eine unsichtbare Fahne
plötzlich im Saal geflattert« –
Die Fahne, zu der Lilo Herrmann stand.

Aber die Herren Richter waren geduldig,
sie konnten nicht zugeben, daß eine junge Frau
den roten Talar besiegte.
So riefen sie die junge Frau noch einmal zum Verhör,
»zum letztenmal«, wie sie sagten.
Sie sprachen: Es falle dem Führer schwer,
dies Urteil an einer deutschen Mutter zu bestätigen.
Im Nebenzimmer warte ihr Söhnchen;
sie brauche – gewissermaßen symbolisch –
nur einen Namen der Kameraden zu nennen,
und sie könne ihr Söhnchen
bei einer milden Gefängnisstrafe
zu sich nehmen –
So sprachen die Richter zu Lilo.

Und zur Bekräftigung dieses Angebotes
ging einer ins Nebenzimmer, und plötzlich
erschrak Lilo;
denn sie hörte das geliebte Stimmchen:
»Mama, Mama, weshalb kommst Du nicht?«
Und Lilo gefror ihr Herz, die Tränen gefroren,
bevor sie den See der Augen verließen,
noch hörte sie das Stimmchen ...
Da preßte sie die Finger in die Ohren
und schrie: »Nein! Nein! Ich kann nicht!«
so daß die Wärterin kommen mußte
und »die Wahnsinnige« zurückbrachte
in die Zelle –
Denn Lilo konnte nicht verraten.

So starb denn Lilo als erste deutsche Mutter
unter Hitlers Henkerbeil,
weil ihr Land ihr teurer war als das eigene Leben,
weil sie um die große Sache wußte
und weil sie standhaft zu ihr stand
bis zum Henkersblock.
So lasen wir das Tagebuch über ihr Söhnchen in Paris,
so schrieben bei ihrem Tode die Frauen von Barcelona
und die Frauen von Zürich
an das Henkersgericht in Berlin;
sie sagten 1938 das Ende der Mörder voraus.
Und Lilos Satz: »Tote sprechen nicht mehr«,
der Satz, mit dem sie einen Kameraden gerettet,
der Satz wandte sich um und fuhr durch die Länder.
Lilo war tot –
Doch ihre Stimme klang über die Grenzen.

So klingt Deine Stimme auch heut, Lilo Herrmann,
und nicht weniger stark;
denn noch immer leckt sich der Blutsäufer Krieg
die verlogene Schnauze.
Frauen der Welt,
zeigt auf den Feind mit Fingern, mit Fäusten,

stürzt der Kriegsbande Waffen ins Meer,
blockiert die Geleise,
schüttet die Sprenglöcher zu;
so rettet Ihr Eure Söhne.
Denn nie war eine Sache gerechter als diese. –
Frauen der Welt,
zu Ende das Fürchten,
zu Ende das Klagen,
Heut seid *Ihr* die Stärkern!

Friedrich Wolfs biographisches Poem
»Lilo Herrmann«
Abdruck mit Genehmigung des Aufbau-Verlags,
Berlin und Weimar)

Gedenksteine für Lilo (Fotos von Ditte Clemens)
Oben: Güstrow – errichtet 1972
Unten: Stuttgart – errichtet am 20. 6. 1988

Zeittafel

23. Juni 1909	Geburt in Berlin, Petersburgerstraße 77
1915 - 1922	Besuch des Lyzeums in der Invalidenstraße, Berlin
1922 - 1923	Besuch des Lyzeums in Siegen, Westfalen
1923 - 1927	Besuch der Viktoria-Schule in Frankfurt am Main
1927 - 1929	Besuch der Viktoria-Luisen-Schule in Berlin-Wilmersdorf, in dieser Zeit wird Lilo Mitglied im Kommunistischen Jugendverband Deutschlands
Ostern 1929	Abitur und danach ein halbes Jahr praktische Tätigkeit als Laborantin bei der Firma Dr. A. Eichengrün, Berlin
Winter 1928/29	Teilnahme an einer Ferienschule des Sozialistischen Schülerbundes in Chorin
1929	Umzug der Familie nach Stuttgart
Oktober 1929 - September 1931	Chemiestudium an der Technischen Hochschule in Stuttgart (vier Semester) und Arbeit im Kommunistischen Jugendverband (Schreibarbeiten, Verkauf von Broschüren, Kassenführung)
22. Januar 1931	Aufnahme in die Revolutionäre Gewerkschaftsopposition (RGO)
1. November 1931	Aufnahme in die KPD
16. November 1931	Biologiestudim an der Universität Berlin, Lilo arbeitet bei den Roten Studentengruppen und nimmt an Kursen der Marxistischen Abendschule teil (Masch)
Pfingsten 1932	Lehrwanderung mit Masch-Hörern an den Kremmener See
11. Juli 1933	Relegation von der Berliner Universität
1934	Arbeit als Kindermädchen in Berlin
15. Mai 1934	Geburt des Sohnes Walter
Mai bis Juni 1934	Unterkunft im Heim von Edith Holzapfel in Berlin-Niederschönhausen

ab Juni 1934	Unterkunft in Berlin-Reinickendorf
26. September 1934	Umzug mit dem Kind von Berlin nach Stuttgart zu den Eltern, Arbeit als Schreibkraft
ab Dezember 1934	illegale Arbeit in der KPD
7. Dezember 1935	Verhaftung und Beginn der Schutzhaft im Stuttgarter Polizeigefängnis
10. Februar 1936 – 30. Juni 1937	Untersuchungshaft im Stuttgarter Frauengefängnis
8. Juni – 12. Juni 1937	Prozeß und Urteilsverkündung des Volksgerichtshofs wegen Landesverrat und Vorbereitung zum Hochverrat
30. Juni 1937 – 20. Juni 1938	Frauengefängnis Berlin, Barnimstraße
20. Juni 1938	Hinrichtung in Berlin-Plötzensee

Anmerkungen

1 Hermlin, Stephan (*1915)
von 1936 bis 1945 im Exil, Lyrik, Erzählungen, autobiographische Bände und Nachdichtungen

2 Werner, Ruth (*1907)
von 1930 bis 1950 Kundschafter der Roten Armee, 1930–1935 in China Zusammenarbeit mit Richard Sorge, 1939 in der Schweiz, autobiographische und biographische Prosa, Romane, Erzählungen, Kinderbücher

3 Abwehrapparat
auch antimilitärischer Apparat oder militärpolitischer Apparat der KPD genannt, war in das Ressort Zersetzung

(von NSDAP, Reichswehr, Polizei und SPD) und in das Ressort Abwehr (Aufdeckung der Kriegsvorbereitungen, Enttarnung von Spitzeln, konspirative Absicherung der illegalen Arbeit) aufgeteilt, das Aktenmaterial über diesen Apparat (Ziele und Arbeitsweise) wurde in der DDR unter Verschluß gehalten

4 Thälmann, Ernst (1886–1944)
Transportarbeiter, Führer des Hamburger Aufstandes 1923, Vorsitzender der KPD 1924–1933, kandidierte 1925 und 1932 zu den Reichspräsidentenwahlen, 1933 Verhaftung, 1944 ermordet im Konzentrationslager Buchenwald

5 Kollwitz, Käthe (1867–1945)
Graphikerin, Malerin und Bildhauerin, Anklage gegen den Krieg steht im Mittelpunkt ihrer Werke, graphische Zyklen, Selbstbildnisse, Gefallenendenkmäler

6 Frauenknecht, Otto
vor dem Zweiten Weltkrieg Richter am Amtsgericht, beim Landgericht und beim Oberlandgericht Stuttgart, während des Krieges Soldat bei der Wehrmacht, nach der Rückkehr aus amerikanischer Gefangenschaft wurde er zunächst bei der Staatsanwaltschaft Heilbronn, später bei den Amtsgerichten Künzelsau und Öhringen beschäftigt. 1950 Ernennung zum Landgerichtsdirektor beim Landgericht Heilbronn, seit 1964 im Ruhestand

7 Kiesinger, Kurt Georg (1904–1988)
Rechtsanwalt, seit 1933 Mitglied der NSDAP und Abteilungsleiter im Reichsaußenministerium, 1958–1966 Ministerpräsident von Baden-Württemberg, 1966–1969 Bundeskanzler, 1967–1971 Vorsitzender der CDU

8 Engert, Karl (1877–1951)
Vizepräsident des Volksgerichtshofs, SS-Dienstgrad: Oberführer, wegen der verübten Justizverbrechen im Nürnberger Prozeß vor dem US-amerikanischen Militärtribunal Nr. III angeklagt, das Verfahren gegen Engert wurde wegen dessen Erkrankung am 22. 8. 1947 abgetrennt und nicht wieder aufgenommen

9 Meyer, Conrad Ferdinand (1825–1898)
schweizerischer Dichter, Gedichte, Balladen, Novellen, Roman

10 Hebbel, Friedrich (1813–1863)
deutscher Dramatiker des Realismus, Gedichte, Tagebücher

11 Himmler, Heinrich (1900–1945)
Reichsführer der SS 1929, Chef der gesamten Polizei 1936, Reichsinnenminister 1943, Organisator der Judenvernichtung, Selbstmord 1945

12 Graf, Oskar Maria (1894–1967)
deutscher Schriftsteller, sozialkritische Romane

13 Göring, Hermann (1893–1946)
preußischer Ministerpräsident 1933, Oberbefehlshaber der Luftwaffe 1935, Reichsmarschall 1940, in Nürnberg zum Tode verurteilt, Selbstmord

14 Stifter, Adalbert (1805–1865)
österreichischer Schriftsteller, leitet mit seinem Werk von der Goethezeit zum Realismus des 19. Jahrhunderts über; Erzählungen sowie Bildungs- und historische Romane

15 Wolf, Friedrich (1888–1953)
Schriftsteller und Arzt, 1933–1945 im Exil, sozialrevolutionäre Bühnenstücke, Romane, Erzählungen, Kinderbücher, Filmszenarien

16 Wolf, Markus (*1923)
1933 Emigration nach Moskau, 1945 Rückkehr, ab Mai 1945 Redakteur und Kommentator beim Berliner Rundfunk, danach Sonderkorrespondent bei den Nürnberger Prozessen, 1949–1951 Erster Rat in der diplomatischen Mission der DDR in Moskau, 1951–1987 Arbeit im Ministerium für Staatssicherheit, zuletzt als Leiter der Hauptverwaltung Aufklärung und stellvertretender Minister, 1987 Rücktritt

Namensregister

Über die Autorin

Ditte Clemens, geb. 1952, lebt in Güstrow (Mecklenburg-Vorpommern). Sie studierte Mathematik und Physik an der dortigen ehemaligen Pädagogischen Hochschule, die 1972 nach Lilo Herrmann benannt wurde. Nach Abschluß eines dreijährigen Forschungsstudiums promovierte sie und lehrte später selber an der Güstrower PH. Während dieser Zeit begannen die Recherchen an der Lebensgeschichte von Lilo Herrmann. »Schweigen über Lilo« ist die erste Buchveröffentlichung der Autorin.